Jonathan Martin

De zéro à nouveau riche

Le guide pour créer une vie de liberté financière

"La meilleure façon de prédire l'avenir est de le créer."
Peter Drucker

Sommaire

Introduction

Au fil des siècles, l'humanité a poursuivi un rêve universel : celui de la liberté. Si autrefois cette quête était centrée sur la libération de chaînes physiques, elle a évolué pour englober également la libération des entraves financières. La liberté financière, bien plus qu'un simple concept, représente la capacité de diriger sa vie sans être restreint par les contraintes monétaires. C'est le pouvoir de prendre des décisions fondées sur des désirs personnels et des aspirations, plutôt que sur des obligations financières. Dans ce monde en constante évolution, atteindre la liberté financière est devenu non seulement une aspiration, mais une nécessité pour vivre une vie épanouie et pleinement réalisée.

« De zéro à nouveau riche : Le guide pour créer une vie de liberté financière » est bien plus qu'un simple recueil de conseils financiers. Il a été conçu pour vous accompagner dans un voyage de transformation, où vous passerez de l'incertitude financière à la confiance en vos choix monétaires. Les pages qui suivent sont imprégnées de sagesse, d'expériences personnelles et de stratégies pragmatiques pour vous guider sur la voie de la liberté financière.

Les objectifs de ce livre sont tripartites : inspirer, éduquer et motiver. Tout d'abord, il vise à inspirer en partageant des récits inspirants d'individus qui sont partis de rien pour créer des vies de prospérité. Ces exemples concrets prouvent que la réalisation de rêves financiers audacieux est à la portée de chacun, quel que soit son point de départ.

Ensuite, ce livre se consacre à l'éducation. Il détaille des principes fondamentaux de la gestion financière, de l'investissement intelligent et de l'entrepreneuriat fructueux. Des explications simples et accessibles sont offertes pour que chaque lecteur puisse acquérir les connaissances nécessaires pour prendre des décisions financières avisées.

Enfin, ce livre a pour mission de motiver. La quête de la liberté financière peut sembler ardue à certains moments, mais il est crucial de maintenir une détermination constante. À travers des anecdotes, des citations inspirantes et des conseils pratiques, ce livre aspire à nourrir la flamme de la motivation, vous encourageant à persévérer même lorsque les défis semblent insurmontables.

Ensemble, nous allons parcourir un chemin qui transformera votre perception de l'argent, éclairera votre compréhension des opportunités financières et vous dotera de la détermination nécessaire pour créer la vie de liberté financière que vous méritez. Préparez-vous à plonger dans ce guide, à explorer de nouvelles perspectives et à embrasser les enseignements qui vous propulseront vers un avenir financier radieux.

Chapitre 1

Repenser votre relation à l'argent.

L'argent, plus qu'une simple devise d'échange, revêt une signification profonde dans nos vies. Il peut influencer nos décisions, nos émotions et même notre estime de soi. Ce chapitre vous invite à plonger dans une introspection nécessaire pour repenser votre relation à l'argent, à déconstruire les croyances limitantes qui vous ont peut-être retenu et à construire une mentalité qui favorise la richesse et l'abondance.

Identifier et surmonter les croyances limitantes sur l'argent.

Chaque individu porte en lui un bagage de croyances sur l'argent qui peut soit l'aider à prospérer, soit le maintenir dans un état de stagnation. Prenez un moment pour vous plonger dans vos souvenirs et réfléchir aux messages que vous avez reçus sur l'argent. Étaient-ils positifs ou négatifs ? Ces messages ont-ils influencé votre attitude envers l'argent aujourd'hui ? Identifiez les croyances qui pourraient vous empêcher de réaliser vos aspirations financières.

Durant mon enfance, j'ai souvent entendu dire que « l'argent ne pousse pas sur les arbres » et que « les riches sont égoïstes ». Ces croyances ont créé en moi une perception négative de la richesse et m'ont fait douter de mes capacités à devenir financièrement indépendant.

Une fois que vous avez identifié ces croyances limitantes, il est temps de les confronter avec objectivité. Demandez-vous si elles sont vraiment basées sur des faits concrets ou si elles sont le résultat de préjugés, de peurs ou d'influences extérieures. Sachez que ces croyances ne sont pas figées et peuvent être modifiées.

En remettant en question la croyance que « les riches sont égoïstes », j'ai réalisé que cette généralisation était injuste. J'ai commencé à rechercher des exemples de personnes riches qui contribuaient activement à des œuvres philanthropiques et qui utilisaient leur richesse pour créer un impact positif.

Une fois que vous les avez remises en question, il est temps de les remplacer par des croyances positives et constructives. Créez des affirmations positives liées à l'argent et répétez-les régulièrement pour renforcer votre nouvelle perspective. Visualisez-vous en train de défier ces croyances limitantes et de réaliser vos objectifs financiers avec succès.

J'ai commencé à répéter des affirmations telles que « Je mérite la prospérité financière », « L'argent est un outil pour créer un impact positif » et « Je suis capable de transformer ma situation financière ». Ces affirmations m'ont aidé à instaurer une nouvelle mentalité autour de l'argent.

En identifiant et en surmontant vos croyances limitantes sur l'argent, vous brisez les chaînes qui vous ont retenu et ouvrez la voie à une relation plus saine et équilibrée avec l'argent. Le processus peut être profondément libérateur, car il vous permet de prendre le contrôle de vos pensées et de vos actions financières, vous rapprochant ainsi de la liberté financière que vous méritez.

Cultiver une mentalité de richesse et d'abondance.

La transformation de votre relation à l'argent ne se limite pas à éliminer les croyances limitantes. Il s'agit également de cultiver une mentalité qui favorise la richesse, l'abondance et la prospérité à tous les niveaux de votre vie. Cela implique de reconnaître que la richesse ne se limite pas seulement à l'argent, mais englobe également une richesse intérieure, émotionnelle et spirituelle.

J'ai commencé à changer ma perception de la richesse en la considérant comme une ressource qui me permettrait de vivre ma vie de la manière la plus épanouissante et significative possible. Cela a élargi ma compréhension de la richesse au-delà de l'aspect financier.

La gratitude joue un rôle essentiel dans la création d'une mentalité de richesse. Prenez le temps chaque jour pour exprimer votre gratitude pour ce que vous avez déjà dans votre vie, que ce soit des relations, des compétences ou des expériences. Cela vous aide à développer une perspective positive qui attire naturellement davantage d'opportunités.

J'ai instauré une routine matinale où je prends quelques minutes pour énumérer les aspects positifs de ma vie, y compris mes finances. En reconnaissant ce que j'ai déjà, j'ai commencé à me sentir plus riche et plus satisfait de ma situation.

Un autre aspect de la mentalité de richesse est d'embrasser la croissance personnelle et l'apprentissage continu. Voyez chaque défi financier comme une opportunité d'apprendre et de grandir. Lorsque vous adoptez cette mentalité, vous ne craignez pas les revers financiers, car vous savez qu'ils font partie intégrante du cheminement vers la réussite.

J'ai pris l'engagement de me former régulièrement en matière de finances, d'investissements et d'entrepreneuriat. Chaque nouvelle compétence acquise renforce ma confiance dans ma capacité à naviguer avec succès dans le monde financier.

En cultivant une mentalité de richesse et d'abondance, vous transformez non seulement votre attitude envers l'argent, mais aussi votre perspective globale sur la vie. Vous développez une capacité à voir les opportunités là où d'autres voient des obstacles. Cette nouvelle mentalité vous propulse vers l'avant, vous encourageant à explorer de nouvelles avenues financières et à créer la vie de prospérité que vous désirez.

Pratiques quotidiennes pour attirer l'argent dans votre vie.

Maintenant que vous avez identifié et transformé vos croyances limitantes tout en cultivant une mentalité de richesse, il est temps de mettre en place des pratiques quotidiennes qui vous aideront à attirer l'argent et l'abondance dans votre vie. Ces pratiques ne sont pas de simples rituels, mais des moyens concrets de créer un environnement propice à la réalisation de vos objectifs financiers.

J'ai commencé chaque journée par une brève méditation axée sur l'abondance. Je visualisais un flux continu d'argent entrant dans ma vie et ressentais la gratitude pour les opportunités financières à venir.

La première pratique consiste en la visualisation régulière de vos objectifs financiers atteints. Prenez quelques minutes chaque jour pour vous imaginer vivre la vie que vous désirez, avec toutes les possibilités financières réalisées. Plus vous pouvez vous connecter émotionnellement à ces visions, plus vous les attirerez dans votre réalité.

J'ai créé un tableau de vision numérique avec des images représentant mes objectifs financiers. Chaque matin, je passais du temps à le regarder et à ressentir l'excitation et la gratification que j'éprouverais une fois ces objectifs réalisés.

Je vous conseille fortement de créer un tableau de vision numérique.

Un tableau de vision numérique, est un outil puissant pour visualiser vos objectifs et aspirations financières. Contrairement au tableau de vision traditionnel, qui utilise des coupures de magazines et des images imprimées, le tableau de vision numérique est créé en ligne à l'aide de médias numériques tels que des images, des citations et des icônes. Choisissez une plateforme en ligne pour créer votre tableau de vision numérique. Vous pouvez utiliser des applications et des sites web dédiés tels que Canva, Pinterest, ou même des outils de traitement de texte avec des fonctionnalités d'édition d'images. Vous pouvez également utiliser Powerpoint, pour faire défiler vos images comme un diaporama. Avant de commencer à créer votre tableau de vision numérique, prenez le temps d'identifier clairement vos objectifs financiers. Quels sont les rêves que vous souhaitez réaliser grâce à votre quête de liberté financière ? Que ce soit l'achat d'une maison, la création d'une entreprise prospère ou la constitution d'un fonds de retraite solide, listez ces objectifs de manière précise.

Recherchez des images, des photos et des icônes qui représentent vos objectifs financiers. Par exemple, si votre objectif est d'acheter une maison, trouvez des images de maisons de vos rêves. Si vous envisagez de voyager, ajoutez des images de destinations que vous aimeriez visiter.

Utilisez la plateforme choisie pour organiser les images et les éléments visuels sur votre tableau de vision numérique. Disposez-les de manière à créer une image cohérente de vos objectifs financiers. Ajoutez également des citations inspirantes et des affirmations positives liées à l'argent.

Une fois que votre tableau de vision numérique est créé, prenez l'habitude de le visualiser régulièrement. Vous pouvez le faire le matin, avant de commencer votre journée, ou le soir, avant de vous coucher. Imprégnez-vous de chaque image et de chaque élément visuel. Ressentez les émotions positives associées à la réalisation de vos objectifs financiers.

Lorsque je créais mon tableau de vision numérique, j'ai utilisé Canva pour organiser des images de propriétés immobilières, de voyages et de symboles de réussite financière. Je l'ai placé comme fond d'écran sur mon ordinateur et chaque fois que je l'ouvrais, cela me rappelait mes aspirations et me donnait l'énergie nécessaire pour poursuivre mes efforts financiers.

En créant et en utilisant régulièrement un tableau de vision numérique, vous maintenez vos objectifs financiers à l'avant-plan de votre esprit. Cela vous aide à vous concentrer sur vos aspirations, à renforcer vos croyances positives et à attirer les opportunités nécessaires pour les concrétiser. Un tableau de vision numérique est un outil visuel qui vous connecte émotionnellement à vos rêves financiers, vous motivant à prendre des mesures concrètes pour les réaliser.

Une autre pratique puissante est l'utilisation d'affirmations positives liées à l'argent. Créez des déclarations affirmatives qui renforcent votre confiance en votre capacité à attirer et à gérer l'argent de manière efficace. Répétez-les chaque jour pour renforcer vos croyances positives.

J'ai rédigé des affirmations comme « L'argent coule facilement vers moi », « Je suis un aimant à opportunités financières » et « Chaque jour, je me rapproche de ma liberté financière ». Je les ai lues à voix haute chaque matin pour me conditionner positivement.

Enfin, partagez votre intention d'attirer l'argent et l'abondance avec le monde. Parlez de vos objectifs financiers à des amis de confiance, rejoignez des groupes en ligne centrés sur la croissance financière et partagez votre parcours sur les réseaux sociaux. L'univers répond souvent à nos intentions clairement exprimées.

Au tout début de mon parcours j'avais créé un

blog pour partager mon voyage vers la liberté financière. En interagissant avec d'autres personnes partageant les mêmes objectifs, j'ai ouvert la porte à de nouvelles opportunités et idées.

Ces rituels vous aident à maintenir une attitude positive et proactive envers l'argent, ce qui, à son tour, attire des opportunités financières et vous rapproche de vos objectifs.

Chapitre 2

Fixer des objectifs financiers S.M.A.R.T.

Fixer des objectifs financiers solides et réalisables est un pilier essentiel pour créer une vie de liberté financière. Dans ce chapitre, nous explorerons les principes des objectifs S.M.A.R.T., apprendrons comment définir des objectifs financiers clairs et motivants, et découvrirons des exemples concrets d'individus qui ont transformé leurs aspirations financières en réalité.

Comprendre les caractéristiques des objectifs S.M.A.R.T.

Les objectifs S.M.A.R.T. sont une approche éprouvée pour définir des objectifs qui sont clairs, concrets et réalisables. En comprenant les caractéristiques fondamentales de cette méthodologie, vous serez en mesure de formuler des objectifs financiers qui vous guideront efficacement vers votre liberté financière.

Lorsque j'ai commencé ma quête de liberté financière, j'ai réalisé que mes objectifs étaient souvent vagues et généraux. En adoptant le cadre S.M.A.R.T., j'ai pu définir des cibles précises qui m'ont aidé à maintenir le cap.

Que signifie S.M.A.R.T. ?

(S) pour **Spécifiques**: Un objectif spécifique est défini avec une précision qui élimine toute ambiguïté. Plutôt que de dire « Je veux être financièrement libre », dites « Je veux avoir un revenu passif de 5000€ par mois d'ici trois ans. »

Lorsque je me suis fixé l'objectif d'économiser pour un investissement immobilier, je l'ai spécifié en disant « Je vais économiser 20% de mon revenu chaque mois pendant deux ans pour avoir un acompte de 50 000€ ».

(M) pour **Mesurables**: Un objectif mesurable peut être quantifié, ce qui permet de suivre votre progression de manière concrète. Par exemple, si vous visez une croissance de votre portefeuille d'investissement, définissez le pourcentage de croissance que vous souhaitez atteindre.

Pour mes investissements en bourse, je me suis fixé l'objectif d'atteindre un taux de rendement annuel de 10%. Cela m'a permis de suivre régulièrement ma performance et d'ajuster mes stratégies si nécessaire.

(A) pour **Atteignables**: Un objectif atteignable est réaliste compte tenu de vos ressources, compétences et circonstances actuelles. Fixer des objectifs trop ambitieux peut être décourageant, tandis que des objectifs trop modestes ne vous pousseront pas à vous dépasser.

Au lieu de viser à doubler mes revenus en six mois, j'ai opté pour une augmentation de 30% sur la même période. Cela m'a permis de me sentir motivé tout en maintenant une approche réaliste.

(R) pour **Pertinents**: Un objectif pertinent est aligné sur vos valeurs, aspirations et objectifs globaux. Il doit avoir un sens pour vous et contribuer à votre croissance personnelle.

Puisque j'accorde une grande importance à la durabilité, j'ai décidé que mes investissements seraient axés sur les entreprises ayant des pratiques éthiques et environnementales. Cela a donné un sens plus profond à mes objectifs financiers.

(T) pour **Temporellement définis**: Un objectif temporellement défini à une date limite claire, ce qui crée un sentiment d'urgence et maintient votre motivation. Plutôt que de dire « un jour, je serai financièrement indépendant », fixez une date précise comme « d'ici cinq ans, je serai financièrement indépendant ».

Je me suis donné deux ans pour rembourser

complètement mes dettes, en fixant une date précise pour atteindre cet objectif. Cette échéance m'a aidé à prioriser mes efforts et à rester concentré.

En comprenant et en appliquant ces caractéristiques des objectifs S.M.A.R.T., vous créez des objectifs financiers qui sont non seulement clairs et réalisables, mais qui vous guideront également vers une liberté financière significative. En personnalisant chaque aspect de vos objectifs en fonction de vos circonstances et aspirations, vous construisez une feuille de route solide pour votre parcours financier.

J'ai appliqué cette méthodologie en définissant un objectif précis d'économies pour l'achat d'une maison dans les cinq prochaines années. J'ai déterminé le montant exact que je devais économiser chaque mois pour y parvenir.

Études de cas de personnes ayant atteint leurs objectifs financiers.

Les histoires de réussite sont des sources d'inspiration pour ceux qui aspirent à la liberté financière. Voyons maintenant comment des individus réels ont utilisé la méthodologie S.M.A.R.T. pour transformer leurs rêves financiers en réalisations tangibles. Afin de respecter leur anonymat, je ne les nommerai uniquement que par leur prénom.

Devenir un investisseur immobilier prospère.
Imaginez Serge, un passionné d'immobilier. Il a appliqué les principes S.M.A.R.T. pour définir son objectif de devenir un investisseur immobilier prospère.

Serge a défini son objectif en disant « J'achèterai trois propriétés locatives dans les deux prochaines années. »

Il a fixé un critère mesurable en déterminant que chaque propriété générerait un rendement net de 8% par an.

Serge a évalué sa capacité financière et son expérience en immobilier pour s'assurer que son objectif était réaliste.

Étant passionné par l'immobilier et voyant cela comme une voie vers la liberté financière, cet objectif était aligné sur ses aspirations.

Il s'est donné deux ans pour réaliser cet objectif, en fixant une date précise pour l'atteindre.

Résultat : En appliquant cette approche S.M.A.R.T., Serge a réussi à acquérir trois propriétés locatives dans le délai imparti. Sa méthode disciplinée lui a permis d'atteindre ses objectifs et d'accélérer son parcours vers la liberté financière.

Lancement d'une entreprise florissante.
Considérons Sarah, une entrepreneure ambitieuse. Elle a utilisé la méthodologie S.M.A.R.T. pour bâtir son entreprise à partir de zéro.

Sarah a énoncé son objectif comme « Je lancerai une entreprise de coaching en ligne qui aidera 1000 clients dans les six premiers mois. »

Elle a déterminé que le succès serait mesuré par le nombre de clients qu'elle aurait aidés.

Sarah a analysé la demande du marché, son expertise et les ressources nécessaires pour s'assurer que cet objectif était atteignable.

Ayant une passion pour le coaching et le désir d'apporter une transformation positive dans la vie des gens, cet objectif était aligné sur ses valeurs.

Elle a fixé une date limite de six mois pour atteindre cet objectif.

Résultat : Grâce à son approche S.M.A.R.T., Sarah a créé une entreprise de coaching en ligne prospère qui a aidé plus de 1000 clients dans les six premiers mois. Sa vision claire et ses étapes spécifiques ont contribué à son succès.

Ces études de cas démontrent que la

méthodologie S.M.A.R.T. transcende les domaines d'objectifs financiers. En personnalisant chaque aspect de vos objectifs selon vos propres circonstances et aspirations, vous construisez une feuille de route solide pour votre parcours financier, en vous inspirant des réussites d'autres individus.

*C*hapitre 3

Gérer intelligemment votre argent.

La gestion intelligente de votre argent est une étape cruciale sur le chemin de la liberté financière. Dans ce chapitre, nous explorerons des stratégies concrètes pour créer un budget réaliste, économiser au quotidien et réduire efficacement vos dettes, vous rapprochant ainsi de vos objectifs financiers.

Créer un budget réaliste et viable.

La création d'un budget réaliste est un pilier fondamental pour gérer intelligemment votre argent et atteindre vos objectifs financiers. Un budget bien élaboré vous donne une vue claire de vos revenus et de vos dépenses, vous permettant de prendre des décisions financières éclairées et de travailler activement vers la liberté financière.

Lorsque j'ai entrepris de créer mon propre budget, je me suis confronté à des réalités financières que j'avais ignorées. En voyant les chiffres noir sur blanc, j'ai été inspiré à réduire mes dépenses non essentielles et à allouer plus d'argent à mes objectifs financiers.

Évaluez vos revenus et vos dépenses.

Commencez par rassembler toutes vos sources de revenus, comme votre salaire, les revenus de location ou tout autre revenu supplémentaire. Ensuite, examinez vos relevés bancaires et factures pour identifier vos dépenses mensuelles. Incluez tout, des factures de services publics aux achats impulsifs.

Définissez des catégories de dépenses.

Organisez vos dépenses en catégories claires. Les catégories communes incluent le logement, l'alimentation, le transport, les soins de santé, le divertissement et les économies. Cette segmentation vous aide à voir où va votre argent et où vous pourriez être en mesure de faire des ajustements.

Allouez des montants à chaque catégorie.

En fonction de vos revenus, attribuez des montants spécifiques à chaque catégorie de dépenses. Assurez-vous que la somme totale de vos dépenses ne dépasse pas vos revenus. N'oubliez pas d'allouer également une partie de vos revenus à l'épargne et aux investissements.

Surveillez votre budget régulièrement.

Votre budget doit être un outil dynamique. Passez en revue vos dépenses chaque mois pour voir si vous êtes en bonne voie. Si vous dépassez dans certaines catégories, réévaluez vos habitudes de dépenses et ajustez vos montants en conséquence.

Après avoir établi mon budget, je me suis rendu compte que je dépensais beaucoup plus que je ne le pensais pour les sorties au restaurant. J'ai décidé de réduire ces dépenses en cuisinant davantage à la maison, ce qui m'a permis d'allouer plus d'argent à mes objectifs financiers.

L'économie quotidienne peut sembler insignifiante, mais elle peut avoir un impact significatif sur vos finances à long terme.

J'ai adopté l'habitude de prévoir mes repas et d'emporter des collations lorsque je sors. Non seulement cela m'a aidé à économiser de l'argent, mais cela m'a également encouragé à adopter des choix alimentaires plus sains.

Avant d'acheter quelque chose, prenez un moment pour réfléchir si c'est vraiment nécessaire. Les achats impulsifs peuvent s'accumuler rapidement.

Évitez de manger au restaurant fréquemment en cuisinant à la maison. Cela vous permet non seulement d'économiser, mais aussi de contrôler vos choix alimentaires.

Utilisez des applications ou des cartes de cashback lorsque vous faites des achats en ligne ou en magasin. Cela peut vous rapporter de l'argent sur vos dépenses habituelles.

Optez pour des alternatives moins chères lorsque cela est possible. Les marques de luxe peuvent être tentantes, mais elles peuvent également peser lourdement sur votre budget. J'ai pris l'habitude de faire une liste de courses avant de faire mes achats. Cela m'a aidé à éviter les achats impulsifs et à rester concentré sur ce dont j'avais réellement besoin.

En créant un budget réaliste et en adoptant des stratégies d'économie au quotidien, vous prenez des mesures concrètes pour gérer votre argent de manière intelligente. Chaque euro économisé est un pas de plus vers vos objectifs financiers et votre liberté future.

Stratégies pour économiser de l'argent au quotidien.

La mise en place de stratégies d'économie au quotidien peut sembler insignifiante, mais elles peuvent avoir un impact significatif sur vos finances à long terme. En adoptant des habitudes plus conscientes et en prenant des décisions éclairées, vous pouvez économiser de l'argent sans sacrifier la qualité de vie.

Lorsque j'ai commencé à mettre en œuvre ces stratégies, j'ai été surpris de voir à quel point de petits changements pouvaient libérer des ressources financières pour mes objectifs à long terme.

Les sorties fréquentes pour manger au restaurant, prendre des cafés à emporter ou aller au cinéma peuvent s'additionner rapidement. Avant de dépenser, prenez un moment pour évaluer si l'achat est vraiment nécessaire.

Au lieu de sortir régulièrement pour manger au restaurant, j'ai commencé à organiser des dîners à la maison avec des amis. Cela a non seulement réduit mes dépenses, mais a également renforcé les liens sociaux.

La restauration à l'extérieur peut être coûteuse. En préparant vos repas à la maison, vous économisez non seulement de l'argent, mais vous avez également un meilleur contrôle sur la qualité et la santé de votre alimentation. J'ai commencé à préparer des déjeuners et des collations à emporter au travail plutôt que d'acheter à la cafétéria. Cela m'a aidé à économiser des centaines d'euros chaque mois.

Les marques de luxe peuvent être tentantes, mais elles peuvent également peser lourdement sur votre budget. Optez pour des alternatives moins chères lorsque cela est possible.

Plutôt que d'acheter des vêtements de marque coûteux, j'ai exploré des magasins d'occasion et des boutiques à bas prix pour trouver des articles de qualité à des prix plus abordables.

J'ai décidé de réduire mes abonnements mensuels, tels que les services de streaming, qui s'étaient accumulés au fil du temps. Cela m'a aidé à économiser une somme considérable chaque mois.

En appliquant ces stratégies d'économie au quotidien, vous prenez le contrôle de vos habitudes de dépenses. Chaque petit choix conscient de dépenser moins vous rapproche davantage de vos objectifs financiers. L'économie au quotidien peut sembler modeste, mais elle génère des résultats significatifs sur le long terme.

Alors que nous explorons des stratégies pour économiser de l'argent au quotidien, il est important de rappeler qu'il est tout à fait légitime et même essentiel de se faire plaisir de temps en temps. La prudence financière ne signifie pas nécessairement se priver de tout ce qui apporte du bonheur. Au contraire, une gestion intelligente de l'argent permet de trouver un équilibre entre la réalisation de vos objectifs financiers et le maintien de votre bien-être.

L'idée n'est pas de restreindre complètement

les plaisirs, mais de les savourer de manière réfléchie et responsable.

Identifiez les activités ou les achats qui vous apportent le plus de joie. Fixez-vous des limites claires pour ces dépenses tout en faisant preuve de modération dans d'autres domaines.

Intégrez les moments de plaisir dans votre budget. Si vous souhaitez dîner dans un restaurant chic ou acheter un article spécial, planifiez-le à l'avance pour que cela fasse partie intégrante de votre gestion financière.

Parfois, des alternatives plus abordables peuvent offrir des plaisirs similaires. Par exemple, au lieu d'aller dans un spa haut de gamme, optez pour un jour de détente à la maison avec des bougies parfumées et un bon livre.

L'objectif est de maintenir un équilibre sain entre la satisfaction immédiate et la planification à long terme. Se faire plaisir de manière raisonnable peut même renforcer votre motivation pour atteindre vos objectifs financiers. Rappelez-vous que la gestion intelligente de l'argent ne s'agit pas de se priver, mais de faire des choix conscients qui vous permettent de vivre pleinement tout en construisant un avenir financier solide.

Réduire les dettes et planifier un remboursement efficace.

La gestion efficace de vos dettes est un élément clé pour atteindre la liberté financière. Réduire vos dettes et élaborer un plan de remboursement réfléchi peut non seulement soulager le fardeau financier, mais aussi accélérer votre progression vers vos objectifs financiers.

Lorsque j'ai décidé de me concentrer sur la réduction de mes dettes, j'ai réalisé que cela me permettrait d'économiser davantage et d'allouer plus de ressources à mes investissements.

Faites un inventaire complet de toutes vos dettes, y compris les soldes, les taux d'intérêt et les échéances. Cela vous permet d'avoir une vue d'ensemble de votre situation financière.

Lorsque j'ai répertorié toutes mes dettes, j'ai été choqué de voir combien d'argent je devais au total. Cela m'a motivé à agir rapidement.

Commencez par rembourser les dettes qui ont les taux d'intérêt les plus élevés. Ces dettes vous coûtent plus cher à long terme, il est donc logique de s'en débarrasser en premier.

Créez un plan détaillé pour le remboursement de chaque dette. Allouez un montant spécifique chaque mois pour chaque dette, en plus du paiement minimum. Cela accélérera votre remboursement et réduira les intérêts.

J'ai fixé un objectif de rembourser toutes mes dettes en deux ans. J'ai calculé combien je devrais payer chaque mois pour atteindre cet objectif, en tenant compte de mes revenus et de mes dépenses.

Si vous avez plusieurs dettes avec des taux d'intérêt élevés, envisagez la consolidation de dettes. Cela implique de regrouper vos dettes en un seul prêt à taux d'intérêt plus bas, ce qui peut faciliter le remboursement.

En cherchant des solutions pour gérer mes dettes de manière plus efficace, j'ai décidé de les consolider. J'avais accumulé plusieurs dettes avec des taux d'intérêt variés, ce qui rendait difficile de suivre les paiements et de planifier un remboursement stratégique.

Après des recherches approfondies et des discussions avec des conseillers financiers, j'ai choisi de regrouper mes soldes impayés dans un prêt personnel à un taux d'intérêt considérablement plus bas que la moyenne de mes dettes actuelles. Non seulement cela a simplifié mes paiements en regroupant tout en un seul versement mensuel, mais cela a également réduit les frais d'intérêt que j'aurais payés autrement.

Ce processus m'a permis de voir

instantanément les avantages : j'ai économisé de l'argent sur les intérêts, mes paiements mensuels étaient plus gérables et j'ai gagné en clarté dans ma démarche de remboursement. J'ai ressenti un grand soulagement en ayant un plan clair pour rembourser ma dette plus rapidement et à moindre coût. Cette décision a été un tournant décisif dans mon parcours vers la liberté financière, me montrant à quel point des choix stratégiques peuvent faire une différence significative dans la réalisation de mes objectifs.

En réduisant vos dettes et en planifiant un remboursement efficace, vous vous libérez du fardeau financier qui peut entraver vos progrès. Chaque paiement supplémentaire que vous faites rapproche le jour où vous serez libre de dettes. Lorsque vous avez moins de dettes, vous avez plus de ressources à consacrer à vos investissements et à la construction de votre avenir financier.

*C*hapitre 4

Créer des sources de revenus multiples.

La création de sources de revenus multiples est un élément essentiel pour accélérer votre parcours vers la liberté financière. Dans ce chapitre, nous explorerons l'importance de diversifier vos revenus, des idées pour générer des revenus passifs et des exemples inspirants d'entrepreneurs qui ont réussi à créer plusieurs sources de revenus.

L'importance de diversifier vos revenus.

S'appuyer uniquement sur une seule source de revenus peut vous rendre vulnérable face à l'instabilité financière. La diversification de vos sources de revenus vous offre non seulement un filet de sécurité, mais ouvre également des opportunités pour une croissance financière plus importante.

Lorsque je comptais uniquement sur mon emploi à temps plein, j'ai réalisé à quel point c'était risqué d'avoir tous mes revenus provenant d'une seule source. Après avoir exploré différentes pistes, j'ai commencé à générer des revenus supplémentaires, ce qui s'est avéré inestimable pendant des défis financiers inattendus.

Un excellent exemple de diversification de revenus est celui d'une amie proche, Caroline. Elle avait une passion pour l'investissement immobilier et avait accumulé une quantité considérable de connaissances au fil des ans. Au lieu de garder son savoir pour elle-même, elle a décidé de créer un blog sur l'investissement immobilier.

Caroline a commencé par partager des informations utiles, des conseils pratiques et des analyses détaillées sur l'investissement immobilier sur son blog. Elle a exploité son expérience personnelle et ses connaissances approfondies pour fournir aux débutants des informations précieuses pour démarrer dans ce domaine.

Au fil du temps, son blog a gagné en popularité grâce à son contenu de qualité et à sa capacité à répondre aux questions courantes des investisseurs débutants. Avec une audience croissante, Caroline a trouvé des moyens de monétiser son blog. Elle a commencé à proposer des webinaires payants pour des formations plus avancées, a créé des guides d'investissement téléchargeables moyennant des frais et a obtenu des partenariats avec des entreprises liées à l'immobilier pour des articles sponsorisés.

Ce blog est devenu une source de revenus supplémentaire significative pour Caroline. Non seulement elle a pu partager sa passion pour l'investissement immobilier, mais elle a également généré un flux de revenus passifs grâce à son expertise et à son engagement envers sa communauté en ligne. Cette initiative lui a non seulement permis de diversifier ses sources de revenus, mais aussi de vivre de sa passion tout en améliorant sa situation financière.

L'exemple de Caroline souligne comment la création d'une source de revenus basée sur une passion et une expertise peut être non seulement financièrement gratifiante, mais également enrichissante sur le plan personnel. En identifiant vos compétences uniques et vos passions, vous pouvez créer une source de revenus supplémentaire qui contribue à votre croissance financière tout en apportant de la valeur à ceux qui partagent vos intérêts.

La diversification présente plusieurs avantages. Si une source de revenus est confrontée à des défis, d'autres peuvent assurer la stabilité.

Plusieurs sources peuvent potentiellement vous rapporter davantage que de dépendre d'un seul emploi.

Différentes sources de revenus vous permettent

d'explorer vos passions et vos intérêts tout en gagnant de l'argent.

En diversifiant vos sources de revenus, vous créez une toile de sécurité financière qui vous protège des retournements de situation imprévus. Cela vous donne également la possibilité de multiplier vos opportunités de croissance, d'investissement et d'exploration de nouveaux horizons professionnels. Par conséquent, en investissant du temps et de l'effort pour développer plusieurs sources de revenus, vous renforcez votre position financière et vous préparez un avenir plus stable et prospère.

Idées pour générer des revenus passifs: investissements, location, etc.

La création de revenus passifs est un moyen puissant de gagner de l'argent sans nécessiter un engagement constant. Ces sources de revenus vous permettent de capitaliser sur vos ressources existantes, qu'il s'agisse de temps, d'argent ou d'expertise, pour créer un flux régulier de revenus.

L'investissement est l'une des formes les plus populaires de revenus passifs. Vous pouvez investir dans des actions, des obligations, des fonds communs de placement, ou même dans l'immobilier en achetant des propriétés pour les louer.

J'ai commencé à investir dans des actions et des fonds communs de placement, (FCP) ce qui m'a permis de gagner des dividendes réguliers sans avoir à intervenir quotidiennement sur les marchés financiers.

Investir dans des actions et des FCP est l'une des formes les plus populaires et accessibles de génération de revenus passifs. Cela implique d'acheter des parts de sociétés cotées en bourse ou de participer à des fonds qui regroupent des investissements de diverses entreprises. Cette approche vous permet de tirer parti de la croissance potentielle des entreprises et de bénéficier de dividendes réguliers.

Pour générer des revenus passifs, j'ai choisi des entreprises réputées et des fonds diversifiés pour réduire les risques et maximiser les opportunités de revenus.

Lorsque vous achetez des actions d'une entreprise, vous devenez actionnaire et possédez une part de cette entreprise. Si l'entreprise réalise des bénéfices, elle peut décider de verser une partie de ces bénéfices sous forme de dividendes aux actionnaires.

J'ai acheté des actions de plusieurs entreprises de secteurs variés. Certaines de ces entreprises versent des dividendes trimestriels, ce qui me permet de recevoir un flux de revenus réguliers. Les FCP sont des portefeuilles gérés par des professionnels qui investissent dans un large éventail d'actions et d'autres actifs financiers. Vous achetez des parts de ces fonds, ce qui vous donne une exposition diversifiée à plusieurs entreprises.

J'ai investi dans un fonds commun de placement qui regroupe des actions de diverses industries et régions géographiques. Cela m'a permis de diversifier mes investissements et de bénéficier d'un revenu passif provenant des dividendes des différentes entreprises du fonds.

Il est important de noter que l'investissement en actions comporte des risques, car la valeur des actions peut fluctuer en fonction de divers facteurs économiques et financiers. Cependant, en adoptant une approche prudente et en diversifiant votre portefeuille, vous pouvez réduire les risques et augmenter vos chances de générer des revenus passifs stables sur le long terme.

Avant de commencer à investir, il est judicieux de faire des recherches approfondies, de consulter des professionnels de la finance et de comprendre vos objectifs financiers. L'investissement dans des actions et des fonds communs de placement peut être une source précieuse de revenus passifs, mais il nécessite une planification stratégique et une gestion attentive pour en tirer le meilleur parti.

Lorsque vous entreprenez des démarches pour générer des revenus passifs, comme l'investissement dans des actions et des fonds communs de placement, il est essentiel de reconnaître l'importance de la formation continue. Le monde financier est en constante évolution, avec de nouvelles stratégies, des réglementations changeantes et des opportunités émergentes. Se former régulièrement vous permet de prendre des décisions éclairées et de maximiser les avantages de vos efforts.

Lorsque j'ai commencé à investir dans des actions, j'ai réalisé que mes connaissances étaient limitées. J'ai entrepris une formation en ligne sur l'investissement en actions, ce qui m'a permis de mieux comprendre les mécanismes, les stratégies et les risques associés.

Plus vous en savez sur les différents aspects de l'investissement, plus vous pouvez prendre des décisions judicieuses et adaptées à votre situation.

Être bien informé vous permet de vous adapter aux changements et de saisir de nouvelles opportunités.

La formation vous aide à comprendre les

risques associés à chaque type d'investissement, vous permettant ainsi de réduire les pertes potentielles.

Vous apprenez les meilleures pratiques, les stratégies d'investissement et les méthodes pour maximiser les rendements.

La connaissance renforce votre confiance en tant qu'investisseur, vous permettant de rester calme même en périodes de volatilité.

Lorsque vous envisagez de générer des revenus passifs, investir dans votre propre éducation financière est un investissement intelligent en soi. Vous pouvez suivre des cours en ligne, lire des livres et des articles, ou même assister à des séminaires et des ateliers. L'apprentissage continu vous met en position de contrôle de vos décisions financières, vous permettant ainsi d'atteindre vos objectifs avec confiance et succès. N'oubliez pas que, tout comme vous investissez dans des actifs financiers, investir dans votre propre savoir et compétences peut offrir des rendements incalculables à long terme.

La location de biens immobiliers, comme des appartements ou des maisons, est une autre manière courante de générer des revenus passifs. Vous pouvez également envisager la location de biens tels que des voitures, des équipements de sport ou même des articles de maison.

J'ai investi dans un petit appartement que j'ai mis en location. Les loyers mensuels couvrent non seulement les coûts associés à l'appartement, mais génèrent également un revenu supplémentaire pour moi.

La location de biens, qu'il s'agisse d'immobilier, de matériel ou d'autres actifs, est une stratégie éprouvée pour générer des revenus passifs. Elle consiste à mettre à disposition vos biens pour une période déterminée en échange d'un paiement régulier. La location peut prendre diverses formes et peut être une source stable de revenus tout en maximisant la valeur de vos actifs.

La location de biens immobiliers est l'une des formes les plus courantes de revenus passifs. Vous pouvez mettre en location des appartements, des maisons, des chambres ou même des espaces commerciaux et même votre piscine. Les revenus de location peuvent couvrir les coûts d'entretien et générer un bénéfice supplémentaire.

Vous pouvez louer du matériel, des équipements sportifs, des outils ou des véhicules à d'autres personnes ou entreprises. Cela peut inclure la location de voitures, de caméras, de matériel de construction ou de matériel de camping.

J'ai moi-même acheté du matériel de camping de haute qualité que j'ai mis en location pendant la saison estivale. Cela m'a permis de rentabiliser mon investissement tout en aidant les campeurs à profiter d'une expérience de camping de qualité.

Si vous possédez une résidence secondaire vous pouvez la proposer en location sur des plateformes comme Airbnb, Booking.com et cela peut générer des revenus substantiels. Les voyageurs recherchent des logements uniques et confortables pour leurs séjours.

Si vous possédez des terres agricoles, la location à des agriculteurs ou à des entreprises agricoles peut être une source de revenus réguliers. Cela peut inclure la location de terrains pour la culture, l'élevage ou d'autres activités agricoles. La location offre une opportunité de tirer profit de vos biens tout en répondant aux besoins des locataires. Cependant, il est important de comprendre les règlements et les responsabilités liés à la location dans votre région. La location peut être une source de revenus passive, mais elle nécessite également une gestion responsable et une communication claire avec les locataires.

La création de contenu en ligne est une approche novatrice pour générer des revenus passifs tout en partageant vos connaissances, passions et compétences avec le monde. Que ce soit à travers des blogs, des vidéos, des podcasts ou des cours en ligne, la création de contenu peut devenir une source durable de revenus une fois que vous avez établi une audience fidèle.

Voici comment vous pouvez générer des revenus passifs grâce à la création de contenu en ligne.

Blogs

Si vous avez une passion, une expertise ou un intérêt particulier, la création d'un blog peut vous permettre de partager vos connaissances avec un public mondial. Vous pouvez monétiser votre blog grâce à la publicité, aux articles sponsorisés, aux affiliations et même à la vente de produits numériques.

Il y a de nombreux blogs qui ont du succès et qui peuvent être une source d'inspiration pour votre blog.

Je précise ici que je n'ai aucun partenariat avec eux, mais quand le talent est là...

Cuisine et vins de France

(cuisineetvinsdefrance.com) : Ce blog culinaire propose des recettes, des astuces de cuisine et des articles sur les vins. Il est très populaire auprès des passionnés de cuisine française et internationale.

Voyage tips

(voyagetips.com) : Ce blog de voyage offre des guides et des conseils pour voyager en France et dans le monde. Il couvre des destinations populaires, des astuces pour économiser de l'argent en voyage, et plus encore.

Les carnets de traverse

(lescarnetsdetraverse.com) : Ce blog de voyage raconte les aventures d'une voyageuse passionnée. Il se distingue par des récits détaillés, des photographies inspirantes et des conseils pour explorer le monde.

Madmoizelle

(madmoizelle.com) : Ce blog traite de sujets variés tels que la mode, la beauté, la culture pop, la féminité et les questions de société. Il est très populaire auprès des jeunes femmes et aborde des sujets pertinents et contemporains.

Investir en actions

(investirenactions.com) : Ce blog financier se concentre sur l'investissement en actions en France. Il propose des analyses d'actions, des conseils d'investissement et des ressources pour les investisseurs débutants.

Démotivateur

(demotivateur.fr) : Ce blog humoristique et divertissant offre des vidéos virales, des anecdotes drôles et des contenus amusants qui sont partagés massivement sur les réseaux sociaux.

Journal du geek

(journaldugeek.com) : Ce blog technologique traite des dernières actualités liées à la technologie, aux jeux vidéo, à l'électronique grand public et à la culture geek.

La revue du vin de France

(larevueduvindefrance.com) : Ce blog s'adresse aux amateurs de vin en proposant des articles sur les derniers millésimes, les domaines viticoles et les tendances œnologiques en France.

Les échos start

(start.lesechos.fr) : Ce blog aborde des sujets liés à l'entrepreneuriat, aux startups et à l'innovation en France. Il propose des conseils pour les jeunes entrepreneurs et des informations sur le monde des affaires.

Journal des femmes

(journal-des-femmes.fr) : Ce blog couvre une variété de sujets tels que la mode, la beauté, la cuisine, la santé et la parentalité. Il s'adresse principalement aux femmes et propose des articles informatifs et inspirants.

Ces blogs réussissent en raison de leur contenu de qualité, de leur pertinence pour leur public cible et de leur capacité à fournir des informations utiles et divertissantes. Chacun de ces blogs répond à des intérêts spécifiques et contribue à la communauté en ligne francophone.

Lorsque vous cherchez à développer votre propre idée de blog à succès, vous pouvez tirer des leçons précieuses en vous inspirant des blogs qui fonctionnent bien.

Parcourez les blogs qui réussissent dans votre domaine d'intérêt. Observez le type de contenu qu'ils proposent, leur ton et leur style d'écriture. Identifiez ce qui rend leur contenu attrayant et engageant pour leur public.

Analysez qui est le public cible de ces blogs. Quelles sont leurs préférences, leurs besoins et leurs problèmes ? En comprenant votre public cible, vous pouvez adapter votre contenu pour répondre à leurs attentes.

Même si vous vous inspirez de blogs existants, trouvez un angle unique qui vous distingue. Qu'est-ce que vous pouvez apporter de nouveau à votre domaine ? Créez un élément distinctif qui attirera l'attention de votre public.

Les blogs qui réussissent se caractérisent par la qualité de leur contenu. Recherchez, écrivez et créez du contenu informatif, utile et engageant. Offrez à votre public quelque chose de valeur qui les incitera à revenir.

Observez comment ces blogs interagissent avec leur public. Répondent-ils aux commentaires et aux questions ? Encouragent-ils la participation des lecteurs ? L'engagement est crucial pour construire une communauté loyale.

Notez comment ces blogs utilisent les réseaux sociaux pour promouvoir leur contenu. Les réseaux sociaux sont des canaux puissants pour atteindre un public plus large et interagir avec vos lecteurs.

Si vous envisagez de monétiser votre blog, observez comment ces blogs le font. Que ce soit par la publicité, les affiliations, les produits numériques ou autres, assurez-vous que vos méthodes de monétisation correspondent à la valeur que vous apportez.

La cohérence est essentielle pour développer un blog à succès. Les blogs qui fonctionnent bien publient régulièrement du contenu de qualité. Établissez un calendrier de publication et respectez-le.

En vous inspirant de blogs qui réussissent, vous avez la possibilité de créer quelque chose d'unique et de précieux pour votre propre public. Rappelez-vous que l'authenticité est importante : tout en vous inspirant, assurez-vous de créer un blog qui reflète votre personnalité, vos compétences et vos passions. En suivant ces principes, vous pouvez poser les bases d'une plateforme en ligne qui captive et engage votre audience, tout en vous rapprochant de vos objectifs.

Vidéos YouTube

La plateforme YouTube offre une opportunité unique de générer des revenus passifs en créant du contenu vidéo attrayant et en construisant une audience fidèle. Que vous ayez une passion pour les tutoriels, les revues de produits, les vlogs de voyage ou d'autres sujets, YouTube peut être une plateforme lucrative pour partager vos connaissances et vos expériences tout en générant des revenus.

Une fois que votre chaîne atteint les seuils requis, vous pouvez activer la monétisation et gagner de l'argent grâce aux publicités diffusées avant, pendant ou après vos vidéos. Plus vos vidéos sont visionnées, plus vous pouvez générer de revenus.

De même, une fois que votre chaîne gagne en popularité, vous pouvez collaborer avec des marques pour des partenariats payés. Les marques peuvent vous payer pour présenter ou examiner leurs produits ou services dans vos vidéos.

Si vous avez des produits numériques, des cours en ligne ou des services à offrir, YouTube peut être une plateforme pour les promouvoir. Vous pouvez inclure des liens vers vos produits dans la description de la vidéo ou dans la vidéo elle-même.

YouTube propose désormais des adhésions payantes pour les créateurs. Les abonnés peuvent payer un abonnement mensuel pour accéder à des avantages exclusifs, ce qui peut générer des revenus stables.

Cependant, la réussite sur YouTube demande plus que la simple publication de vidéos. Pour développer une chaîne prospère et générer des revenus passifs.

Identifiez un créneau spécifique qui vous passionne et qui a un public potentiel. Une niche permettra à votre chaîne de se démarquer et d'attirer un public ciblé et engagé.

Voici quelques stratégies clés à prendre en compte.

Identifiez un créneau spécifique qui vous passionne et qui a un public potentiel. Une niche permettra à votre chaîne de se démarquer et d'attirer un public ciblé et engagé.

La qualité du contenu est essentielle. Assurez-vous que vos vidéos sont bien réalisées, claires et intéressantes. Le contenu de qualité incite les téléspectateurs à s'abonner et à partager.

Comprenez les intérêts, les préférences et les besoins de votre public cible. Créez du contenu qui répond à leurs attentes et résout leurs problèmes.

Publiez régulièrement pour maintenir l'engagement de votre audience. Une cohérence dans le calendrier de publication montre que vous êtes sérieux et engagé envers votre chaîne. Les titres et les miniatures sont la première chose que les téléspectateurs voient. Utilisez des titres intrigants et des miniatures visuellement attrayantes pour attirer leur attention.

Interagissez avec vos téléspectateurs en répondant aux commentaires et en encourageant la discussion. Cela renforce l'engagement et crée une communauté active autour de votre chaîne.

Utilisez des mots-clés pertinents dans les titres, les descriptions et les balises pour améliorer la visibilité de vos vidéos dans les résultats de recherche.

Utilisez un logo, un nom de chaîne et une esthétique visuelle cohérents pour créer une identité de marque mémorable.

Partagez vos vidéos sur les réseaux sociaux pour atteindre un public plus large et encouragez vos abonnés à partager vos contenus.

Expérimentez avec différents types de vidéos pour garder votre contenu frais et intéressant. Cela peut inclure des tutoriels, des vlogs, des vidéos d'analyse, des interviews, etc.

Surveillez les réactions de votre audience pour comprendre ce qui fonctionne et ce qui ne fonctionne pas. Adaptez votre contenu en conséquence.

Une fois que votre chaîne répond aux critères, activez la monétisation pour gagner de l'argent grâce aux publicités et aux autres méthodes de génération de revenus.

Soyez vous-même et authentique dans vos vidéos. Les téléspectateurs apprécient la personnalité réelle derrière la caméra.

La croissance sur YouTube peut prendre du temps. Soyez patient et persévérez même si les résultats ne sont pas immédiats.

La réussite sur YouTube repose sur une combinaison de stratégies efficaces, de qualité de contenu et d'engagement envers votre public. En investissant du temps, de l'énergie et de la créativité dans votre chaîne, vous pouvez développer une source de revenus passifs tout en partageant vos passions et vos talents avec le monde.

S'inspirer des techniques utilisées par les YouTubeurs prospères est une approche intelligente pour développer votre propre chaîne YouTube.

Observez comment les YouTubeurs présentent leurs vidéos. Analysez leur ton, leur énergie et leur style de présentation. Vous pouvez vous inspirer de leur manière de captiver l'audience dès les premières secondes.

Étudiez les miniatures accrocheuses et les titres intrigants qu'ils utilisent pour attirer l'attention des téléspectateurs. Adaptez ces techniques pour créer des miniatures et des titres captivants pour vos propres vidéos.

Regardez comment les YouTubeurs interagissent avec leur public. Ils répondent souvent aux commentaires, posent des questions et encouragent la participation. Impliquez-vous de la même manière pour créer une communauté engagée.

Notez comment ils incluent des appels à l'action pour encourager les téléspectateurs à s'abonner, à aimer, à commenter et à partager leurs vidéos. Intégrez ces appels à l'action de manière naturelle dans vos vidéos.

Analysez la fréquence de publication des vidéos. La constance est essentielle pour maintenir l'attention de l'audience. Créez un calendrier de publication et respectez-le.

Observez comment ils valorisent leur marque personnelle. Utilisent-ils un slogan, un logo ou une intro reconnaissable ? Créez votre propre identité de marque pour renforcer la reconnaissance.

Regardez comment ils utilisent les réseaux sociaux pour promouvoir leurs vidéos et interagir avec leur public. Partagez vos vidéos sur différentes plateformes pour atteindre un public plus large.

Utilisez les outils d'analyse de YouTube pour suivre les performances de vos vidéos. Identifiez ce qui fonctionne bien en termes d'engagement et de rétention, et ajustez vos techniques en conséquence.

Certains YouTubeurs collaborent avec d'autres créateurs pour élargir leur audience. Explorez la possibilité de collaborations pour accéder à de nouveaux publics.

Observez les techniques de montage qu'ils utilisent pour rendre leurs vidéos dynamiques et engageantes. Utilisez des effets, des transitions et des animations pour maintenir l'intérêt des téléspectateurs.

En vous inspirant des techniques des YouTubeurs prospères, vous pouvez créer une chaîne YouTube plus engageante et professionnelle. Cependant, n'oubliez pas de rester authentique et de développer votre propre style unique en utilisant ces techniques comme base pour construire votre propre succès sur la plateforme.

Podcasts

Le podcasting est devenu un moyen populaire de partager des contenus audio et d'atteindre un public engagé. Si vous avez une voix captivante, des connaissances spécialisées ou des invités intéressants à interviewer, le podcasting peut être une excellente façon de générer des revenus passifs tout en partageant vos idées et vos expertises.

Une fois que votre podcast gagne en popularité, vous pouvez attirer des annonceurs qui souhaitent promouvoir leurs produits ou services auprès de votre public. Vous pouvez les inclure dans les introductions, les transitions ou les annonces au sein de vos épisodes.

En plus des annonces traditionnelles, vous pouvez conclure des accords de parrainage avec des entreprises ou des marques liées à votre domaine. Ils peuvent vous rémunérer pour mentionner leurs produits ou services de manière authentique.

Vous pouvez offrir des épisodes bonus, du contenu exclusif ou une version sans publicité de votre podcast aux auditeurs qui s'abonnent moyennant un montant mensuel. Les abonnements peuvent créer une source de revenus réguliers.

Comme pour les autres plateformes, vous pouvez promouvoir vos produits numériques, formations en ligne ou services dans vos épisodes.

Certaines plateformes de podcasting proposent des programmes de monétisation où vous pouvez gagner une part des revenus publicitaires générés par vos épisodes.

Le podcasting offre une façon unique de partager vos connaissances et d'établir une relation intime avec votre public. En utilisant différentes stratégies de monétisation, vous pouvez transformer votre passion pour le podcasting en une source de revenus passifs. Cependant, gardez à l'esprit que la croissance d'un podcast prend du temps et nécessite un engagement constant pour construire une audience fidèle.

Cours en ligne

La création et la vente de cours en ligne sont devenues des moyens populaires et efficaces de générer des revenus passifs tout en partageant vos compétences et vos connaissances avec un public intéressé. Si vous avez une expertise dans un domaine particulier, que ce soit le développement personnel, la cuisine, la photographie, la programmation ou tout autre sujet, la création de cours en ligne peut être une opportunité lucrative.

Identifiez un domaine dans lequel vous avez des compétences ou des connaissances approfondies. Cela pourrait être un sujet que vous avez étudié, une compétence que vous avez développée ou une passion que vous maîtrisez.

Divisez votre expertise en modules ou en leçons logiques. Créez un plan détaillé pour votre cours, en vous assurant qu'il est structuré de manière à guider vos étudiants de manière progressive.

Utilisez différents formats tels que des vidéos, des présentations, des quiz et des ressources téléchargeables pour créer un contenu de haute qualité et engageant.

Utilisez les médias sociaux, votre site web, les blogs et d'autres canaux pour promouvoir votre cours. Montrez en quoi il est utile et comment il résout les problèmes de vos futurs étudiants.

Proposez des bonus, des ressources supplémentaires et un soutien personnalisé pour ajouter de la valeur à votre cours. Cela incitera les étudiants à s'inscrire et à recommander votre cours à d'autres.

Fixez un prix pour votre cours en tenant compte de la valeur qu'il offre, de la durée et de la concurrence sur le marché.

Assurez-vous de mettre à jour votre cours si nécessaire et de fournir un support réactif aux questions des étudiants.

Proposez une version d'essai gratuite pour permettre aux étudiants de voir la qualité de votre cours avant de s'engager.

Utilisez ClickFunnels pour créer des tunnels de vente efficaces et optimisés. Un tunnel de vente est une séquence d'étapes conçues pour guider les visiteurs à travers le processus d'achat, depuis la prise de conscience jusqu'à la conversion.

Utilisez l'éditeur de ClickFunnels pour créer une page de destination attrayante qui présente le contenu de votre cours ou de votre formation de manière convaincante. Utilisez des éléments visuels, des témoignages et des avantages clés pour attirer l'attention de vos visiteurs.

Si vous souhaitez collecter des leads avant de présenter votre offre, créez une page de capture pour inciter les visiteurs à s'inscrire avec leur adresse e-mail en échange d'une ressource gratuite liée à votre domaine d'expertise.

Créez une page de vente dédiée où vous expliquez en détail le contenu, les avantages et la valeur de votre cours ou de votre formation. Utilisez des vidéos, des témoignages et des éléments persuasifs pour convaincre les visiteurs de l'importance de votre offre.

Utilisez ClickFunnels pour créer une séquence de vente automatisée. Cette séquence peut inclure des e-mails de suivi, des vidéos de contenu, des témoignages et des offres spéciales pour encourager les visiteurs à passer à l'action. Utilisez des éléments de rareté, tels que des offres à durée limitée ou des places limitées, pour inciter à l'achat.

Utilisez les fonctionnalités de ClickFunnels pour intégrer un formulaire de paiement sécurisé afin que les clients puissent acheter votre cours ou votre formation directement depuis la page de vente.

Créez des pages de vente additionnelles pour proposer des offres complémentaires à vos clients, telles que des modules supplémentaires, des sessions de coaching ou des ressources premium.

Utilisez ClickFunnels pour créer un espace membre sécurisé où vos clients peuvent accéder au contenu de votre cours ou de votre formation après l'achat.

Utilisez les outils d'analyse de ClickFunnels pour suivre les performances de vos tunnels de vente, les taux de conversion et les points d'amélioration.

Surveillez les performances de vos tunnels de vente et effectuez des ajustements en fonction des retours des clients et des analyses pour optimiser vos résultats.

En utilisant les fonctionnalités de ClickFunnels de manière stratégique, vous pouvez créer une expérience fluide et convaincante pour vos prospects, ce qui peut aboutir à des taux de conversion plus élevés pour la vente de vos cours en ligne et de vos formations. N'oubliez pas d'offrir une valeur exceptionnelle et de créer un sentiment d'urgence pour encourager les achats.

Les informations partagées ici quant à l'utilisation de ClickFunnels pour la vente de cours en ligne et de formations sont livrées sans parti pris. Je trouve simplement que la plateforme est un outils pertinent et surtout performant pour créer un tunnel de vente.

La création de contenu en ligne nécessite du temps et de l'effort initiaux pour établir une audience et développer du contenu de qualité. Cependant, une fois que vous avez établi une base solide, vous pouvez continuer à générer des revenus passifs tout en partageant votre passion et votre expertise avec le monde.

Il est essentiel de reconnaître que la liste des méthodes pour créer des revenus passifs présentée dans ce guide est loin d'être exhaustive. Les possibilités de générer des revenus passifs sont vastes et diversifiées, reflétant la créativité et l'innovation illimitées de l'esprit humain. En effet, l'univers des opportunités financières évolue constamment, offrant sans cesse de nouvelles voies pour créer une source de revenus qui fonctionne en arrière-plan, tout en libérant du temps et en offrant une plus grande liberté. Il est encourageant d'envisager ces exemples comme des amorces pour l'inspiration, et je vous encourage à explorer, tester et adapter ces idées en fonction de vos passions, de vos compétences et de votre vision unique. En gardant l'esprit ouvert et la curiosité en éveil, il est possible de découvrir des opportunités inattendues pour bâtir un avenir financier plus solide et plus indépendant.

Exemples d'entrepreneurs ayant créé plusieurs sources de revenus.

Laissez-moi vous présenter quelques exemples inspirants d'entrepreneurs qui ont su créer et diversifier plusieurs sources de revenus, démontrant ainsi la puissance de cette approche pour atteindre une liberté financière et une stabilité accrues.

Bien entendu, il y a d'abord les plus célèbres :

Richard Branson : L'emblématique fondateur du groupe Virgin, Richard Branson, est un modèle de diversification des sources de revenus. Outre ses débuts dans l'industrie musicale avec Virgin Records, il a étendu son empire vers les secteurs de l'aviation, des télécommunications, du voyage spatial avec Virgin Galactic, et même du transport ferroviaire. Chacune de ses entreprises est une source de revenus distincte qui a contribué à sa réussite financière.

Elon Musk : L'entrepreneur visionnaire Elon Musk est bien connu pour ses entreprises Tesla et SpaceX, mais il a également diversifié ses sources de revenus à travers d'autres projets. Il a cofondé Neuralink pour développer des interfaces cerveau-machine, ainsi que The Boring Company pour explorer des solutions de transport souterrain. Sa capacité à jongler entre plusieurs entreprises et secteurs différents est un exemple impressionnant de diversification.

Cédric Villani : En plus de son engagement dans le monde académique en tant que mathématicien de renom, Cédric Villani est également un entrepreneur multifacettes. Il a fondé la start-up Docteo pour développer des solutions en intelligence artificielle pour la santé, démontrant sa capacité à allier recherche scientifique et entrepreneuriat.

Véronique Garnodier : La fondatrice de la marque de cosmétiques naturels L'Occitane en Provence a réussi à créer un empire mondial à partir d'une petite distillerie. Elle a diversifié son activité en proposant une gamme de produits allant des soins pour la peau aux parfums, en se concentrant sur des ingrédients locaux de haute qualité.

Oprah Winfrey : En plus d'être une personnalité médiatique influente, Oprah Winfrey a construit un empire médiatique diversifié. Elle a lancé sa propre émission de télévision, The Oprah Winfrey Show, et a également investi dans l'édition, le cinéma et la production de contenus. Son sens aigu des affaires lui a permis de créer des sources de revenus multiples et durables.

Xavier Niel : Le fondateur de Free, Xavier Niel, est connu pour sa diversification à travers le groupe Iliad, qui englobe non seulement les services de télécommunications, mais aussi des domaines tels que la presse avec le rachat du journal Le Monde et de nombreux autres médias. Il investit également dans des startups technologiques via son incubateur, Station F.

Warren Buffett : Le légendaire investisseur Warren Buffett a réussi à diversifier ses revenus en investissant dans une multitude d'entreprises et d'industries. Bien qu'il soit surtout connu pour être le président et le PDG de Berkshire Hathaway, sa stratégie d'investissement prudente et perspicace lui a permis de générer des revenus passifs grâce à une vaste gamme d'investissements.

Cette liste est bien loin d'être exhaustive.

Voici des entrepreneurs moins connus, mais tout aussi inspirants, qui ont réussi à diversifier leurs sources de revenus avec succès.

Pauline Dupont : Passionnée de décoration intérieure, Pauline a commencé par partager des conseils sur son blog. Grâce à son audience croissante, elle a créé des guides de décoration et d'aménagement, qu'elle vend en ligne. En parallèle, elle propose des ateliers de DIY (Do It Yourself) et génère des revenus supplémentaires grâce à des collaborations avec des marques.

Nicolas Lambert : Nicolas a lancé une chaîne YouTube dédiée à l'apprentissage des langues étrangères. En plus de ses vidéos éducatives, il propose des cours en ligne payants, des webinaires et des ressources premium pour aider les apprenants à atteindre la maîtrise linguistique. Ses multiples sources de revenus proviennent de sa passion pour l'éducation.

Émilie Martin : Passionnée par la cuisine saine et gourmande, Émilie a créé un blog de recettes santé. Elle a diversifié ses revenus en proposant des ebooks de recettes, en animant des ateliers de cuisine en ligne et en vendant des produits et accessoires de cuisine via son site.

Marc Dubois : Marc a démarré un podcast sur le développement personnel et la croissance personnelle. En plus d'attirer des auditeurs fidèles, il propose des sessions de coaching individuel et des formations en ligne payantes pour approfondir les sujets abordés dans ses épisodes.

Laura Leroy : Passionnée de fitness et de bien-être, Laura a créé un compte Instagram où elle partage ses routines d'entraînement et des conseils pour une vie saine. Elle a diversifié ses revenus en proposant des programmes d'entraînement payants, des guides nutritionnels et des séances de coaching en ligne.

Mathieu Dupuis : Mathieu a développé un blog sur le jardinage biologique et durable. Fort de son expertise, il vend des guides en ligne sur des sujets spécifiques du jardinage, organise des ateliers virtuels et génère également des revenus grâce à l'affiliation de produits de jardinage.

Marie Leclerc : Marie a lancé un podcast sur le développement personnel et la confiance en soi. Grâce à son audience, elle propose des ateliers en ligne sur la gestion du stress et la prise de parole en public, ainsi que des séances de coaching individuel pour aider les gens à atteindre leurs objectifs.

Julien Boucher : Passionné par les voyages, Julien a créé un blog de voyage où il partage ses aventures et des conseils pour voyager à petit budget. Il génère des revenus en proposant des guides de voyage personnalisés, des consultations pour la planification de voyages et en vendant des produits liés au voyage.

Claire Lefebvre : Claire a commencé par écrire des articles sur la parentalité bienveillante. Elle a ensuite créé des formations en ligne pour aider les parents à élever leurs enfants de manière positive, et propose également des consultations individuelles pour un accompagnement plus personnalisé.

Rémi Gautier : Rémi a lancé une boutique en ligne de produits artisanaux faits à la main. En plus de vendre ses créations, il propose des tutoriels en ligne pour apprendre à créer des objets similaires, générant ainsi des revenus grâce à ses compétences et à sa passion.

Ces entrepreneurs moins connus illustrent comment la diversification des sources de revenus peut commencer modestement et se développer avec le temps. Leur succès repose sur la mise en avant de leurs passions, l'offre de produits ou services de valeur et la création de liens solides avec leur audience.

Chapitre 5

Investir comme un nouveau riche

Investir intelligemment est l'une des clés essentielles pour passer du stade de débutant à celui de nouveau riche, tout en bâtissant une vie de liberté financière. Ce chapitre vous guidera à travers les bases de l'investissement, comment démarrer avec des petits investissements et vous présentera des études de cas inspirantes d'investisseurs qui ont réussi.

Les bases de l'investissement :
Actions, obligations, immobilier, etc.

L'univers de l'investissement peut sembler complexe, mais en explorant les bases de différents véhicules d'investissement, vous pouvez acquérir une compréhension solide et prendre des décisions éclairées pour votre avenir financier.

Nous allons explorer les fondements de l'investissement, en plongeant dans cinq principales catégories d'opportunités : les actions, les obligations, l'immobilier, les véhicules d'investissement collectif tels que les FCP et ETF, ainsi que d'autres domaines intrigants comme les marchés émergents, les matières premières et les cryptomonnaies. Chacune de ces voies présente ses propres avantages, risques et opportunités, et cette connaissance vous armera pour prendre des décisions éclairées dans votre parcours vers la création d'une vie financière florissante.

Les actions.

Les actions représentent des parts de propriété dans une entreprise. Lorsque vous achetez des actions, vous devenez actionnaire et avez droit à une partie des profits de l'entreprise sous forme de dividendes. La valeur des actions peut fluctuer en fonction de la performance de l'entreprise et des conditions du marché. Investir dans des actions peut offrir un potentiel de croissance du capital à long terme, mais cela comporte également des risques liés à la volatilité du marché.

Avant d'investir dans une entreprise, prenez le temps de comprendre son modèle économique, sa performance passée, ses concurrents et ses perspectives de croissance. Les entreprises avec un avantage concurrentiel solide ont souvent de meilleures chances de réussir à long terme.

Imaginez que vous envisagiez d'investir dans une entreprise technologique. Analysez ses produits, sa position sur le marché et son historique de croissance. Si elle se distingue par des innovations ou une adoption rapide, cela pourrait indiquer un potentiel de croissance.

Évitez de mettre tous vos œufs dans le même panier en investissant dans différentes industries et entreprises. La diversification réduit les risques en vous protégeant contre les baisses sévères dans un secteur particulier.

Au lieu d'investir uniquement dans des entreprises technologiques, diversifiez en considérant également des secteurs tels que la santé, l'énergie et la finance. Ainsi, si un secteur subit une baisse, vos autres investissements peuvent compenser.

Les marchés boursiers peuvent être volatils à court terme, mais ils ont historiquement généré des rendements positifs sur le long terme. Évitez de vous laisser distraire par les fluctuations quotidiennes et concentrez-vous sur vos objectifs à long terme.

Si vous investissez dans des actions d'une entreprise en croissance, gardez à l'esprit que la valeur de ces actions peut fluctuer. Restez concentré sur les perspectives à long terme de l'entreprise plutôt que sur les mouvements à court terme.

Les décisions émotionnelles peuvent entraîner des erreurs coûteuses. Établissez un plan d'investissement clair et maintenez-le même lorsque les marchés deviennent tumultueux.

Si le marché subit une correction, résistez à la tentation de vendre précipitamment. Évaluez plutôt si les fondamentaux de vos investissements ont changé de manière significative.

Les entreprises qui versent régulièrement des dividendes peuvent offrir un flux de revenus stable, même en période de volatilité du marché.

En investissant dans des actions de sociétés qui ont une histoire stable de versement de dividendes, vous pouvez générer des revenus passifs tout en conservant la possibilité de bénéficier de la croissance du cours de l'action.

Investir dans les actions demande une certaine connaissance et une approche réfléchie. En appliquant ces conseils et en restant informé, vous pouvez saisir les opportunités offertes par le marché boursier tout en gérant efficacement les risques associés.

Laissez-moi partager une expérience personnelle qui illustre l'achat d'actions et les leçons que j'ai apprises.

Il y a quelques années, j'ai décidé d'investir dans une entreprise du secteur de la technologie qui montrait un énorme potentiel de croissance. Après avoir fait mes recherches, analysé ses produits innovants et sa position sur le marché, j'étais convaincu que cette entreprise allait prospérer à long terme. Cependant, peu de temps après avoir investi, le marché a connu une période de forte volatilité due à des facteurs externes.

À ce moment-là, j'ai senti une montée d'anxiété face aux fluctuations quotidiennes du cours de l'action. Cependant, plutôt que de céder à la panique, j'ai choisi de me rappeler mes objectifs à long terme. J'ai réévalué les fondamentaux de l'entreprise, qui étaient restés solides malgré la turbulence du marché. Je me suis rappelé que mon investissement était basé sur des perspectives à long terme et sur ma conviction initiale dans les capacités de cette entreprise.

Finalement, ma patience a été récompensée. Au fil des mois, l'entreprise a réussi à surmonter les défis et a commencé à afficher des résultats solides. Le cours de l'action a repris sa tendance à la hausse, et au fil du temps, mon investissement a généré un rendement satisfaisant.

Cette expérience m'a enseigné que l'investissement dans des actions nécessite une perspective à long terme et une approche rationnelle face aux fluctuations du marché. Il est important de rester concentré sur les fondamentaux de l'entreprise, de diversifier son portefeuille et de ne pas laisser les émotions dicter les décisions d'investissement. En fin de compte, mon investissement dans cette entreprise a été un rappel puissant que la patience, la confiance dans les fondamentaux et la vision à long terme sont des atouts précieux dans le monde de l'investissement en actions.

Les obligations.
Les obligations sont des titres de créance émis par des gouvernements ou des entreprises. Lorsque vous achetez une obligation, vous prêtez de l'argent à l'émetteur en échange d'intérêts périodiques et de la restitution du capital à l'échéance. Les obligations sont généralement considérées comme des investissements plus stables que les actions, car elles offrent des rendements fixes. Cependant, les rendements peuvent varier en fonction des taux d'intérêt du marché.

Lorsque vous envisagez d'acheter des obligations, assurez-vous de choisir des émetteurs fiables et crédibles. Les obligations émises par des gouvernements stables et des entreprises bien établies sont généralement moins risquées.

Les obligations émises par des gouvernements de pays développés, tels que les États-Unis ou l'Allemagne, sont considérées comme moins risquées en raison de leur solvabilité élevée.

Les agences de notation attribuent des notes aux obligations en fonction de la solvabilité de l'émetteur. Optez pour des obligations avec des notations de crédit élevées, car elles présentent un risque de défaut plus faible.

Si vous investissez dans des obligations d'une entreprise, recherchez celles qui ont une notation de crédit élevée, telles que « AAA » ou « AA ».

Tout comme pour les actions, la diversification est cruciale dans les investissements en obligations. Investir dans différentes échéances et types d'émetteurs réduit les risques associés à un seul émetteur ou à une seule industrie.

Diversifiez vos obligations en investissant dans des gouvernements nationaux et étrangers, ainsi que dans des entreprises de différents secteurs.

Les obligations ont des échéances variées, allant de courtes à longues durées. Les obligations à plus long terme peuvent offrir des taux d'intérêt plus élevés, mais elles comportent également un risque accru lié aux fluctuations des taux d'intérêt.

Si vous avez besoin de revenus réguliers à court terme, envisagez des obligations à échéance plus courte. Si vous êtes prêt à immobiliser votre capital à plus long terme, des obligations à échéance plus longue peuvent offrir des rendements plus élevés.

Les taux d'intérêt ont un impact direct sur la valeur des obligations. Lorsque les taux d'intérêt augmentent, la valeur des obligations existantes peut diminuer. Surveillez l'environnement des taux d'intérêt et ajustez votre portefeuille en conséquence.

Si les taux d'intérêt sont en hausse, considérez des obligations à échéance plus courte qui vous permettent de réinvestir à des taux plus élevés plus rapidement.

Investir dans les obligations peut fournir une stabilité et un revenu prévisible, mais il est essentiel de faire preuve de diligence dans vos choix. En choisissant judicieusement les émetteurs, en diversifiant votre portefeuille et en surveillant les conditions du marché, vous pouvez tirer parti des avantages des obligations tout en minimisant les risques associés.

Immobilier.

L'immobilier est un investissement tangible, impliquant l'achat de biens immobiliers tels que des maisons, des appartements, des bureaux ou des terrains. Les investisseurs immobiliers peuvent générer des revenus en louant des propriétés et bénéficier de plus-values potentielles à mesure que la valeur des biens augmente. L'immobilier offre une diversification par rapport aux marchés financiers, mais nécessite une gestion active et une compréhension du marché local.

Avant d'investir dans l'immobilier en France, il est crucial de comprendre les lois et réglementations qui encadrent les transactions immobilières, la location et la fiscalité. Soyez au courant des droits et obligations des propriétaires et des locataires pour éviter des problèmes légaux.

Renseignez-vous sur les dispositifs de défiscalisation, comme la loi Pinel, qui offre des avantages fiscaux pour l'investissement locatif dans des zones spécifiques.

L'emplacement est un facteur déterminant dans le succès de l'investissement immobilier. Choisissez des quartiers attractifs avec des infrastructures, des services et des perspectives de développement.

Optez pour des zones bien desservies par les transports en commun, les écoles et les commerces. Les zones en croissance ou en rénovation peuvent offrir un potentiel de plus-value à long terme.

Pour limiter les risques, ne misez pas tout sur un seul bien immobilier. Diversifiez vos investissements en considérant des biens de types différents (résidentiel, commercial) et dans différentes zones géographiques.

Si vous investissez dans l'immobilier locatif, envisagez d'acquérir plusieurs petits appartements plutôt qu'un seul grand bien. Cela peut répartir les risques liés à la vacance locative.

Obtenir un prêt bancaire peut être difficile, en particulier pour les investisseurs débutants. Préparez-vous en constituant un apport financier solide et en démontrant votre capacité à gérer les investissements immobiliers.

Élaborez un plan de gestion de vos biens et présentez-le aux banques pour démontrer votre sérieux et votre expertise.

Les coûts associés à l'achat peuvent être élevés, y compris les frais de notaire, les taxes foncières et la gestion du bien. Calculez soigneusement vos coûts pour vous assurer que votre investissement reste rentable.

Avant d'acheter, évaluez les coûts totaux, y compris les frais d'achat et les frais de gestion, pour déterminer si l'investissement est viable.

Investir dans l'immobilier exige une préparation minutieuse et une compréhension approfondie du marché et de la législation. En maîtrisant ces aspects, en diversifiant vos investissements et en étant prêt à surmonter les obstacles liés aux prêts bancaires, vous pouvez saisir les opportunités offertes par le marché immobilier français tout en minimisant les risques.

Les FCP et les ETF.

Les Fonds Communs de Placement (FCP) et les ETF (Exchange-Traded Funds) sont des véhicules d'investissement collectif qui permettent une diversification instantanée et une gestion passive de votre portefeuille. Voici comment investir dans ces instruments en limitant les risques tout en maximisant les avantages.

Les FCP et les ETF regroupent des fonds provenant de nombreux investisseurs pour acheter un portefeuille diversifié d'actifs tels que des actions, des obligations ou des matières premières. Comprendre comment ils fonctionnent est essentiel avant d'investir.

Un FCP ou un ETF axé sur le secteur technologique peut contenir des actions de plusieurs entreprises technologiques, offrant une exposition diversifiée à ce secteur.

Il existe une grande variété de FCP et d'ETF couvrant différents secteurs, régions géographiques et types d'actifs. Choisissez ceux qui correspondent à vos objectifs et à votre tolérance au risque.

Si vous croyez en la croissance du secteur des énergies renouvelables, investir dans un ETF axé sur les énergies propres peut vous permettre d'accéder à une diversité d'entreprises de ce secteur.

Les FCP et les ETF ont des frais de gestion associés. Recherchez ceux avec des frais raisonnables pour optimiser vos rendements à long terme.

Comparez les frais de gestion entre différents FCP et ETF similaires pour choisir celui offrant un bon équilibre entre performance et coûts.

Bien que les FCP et les ETF soient déjà diversifiés, il est conseillé de diversifier davantage en choisissant des fonds couvrant différents secteurs ou régions géographiques.

Investir dans des FCP ou des ETF qui couvrent des marchés émergents et développés, ainsi que des secteurs variés, peut offrir une diversification robuste.

Les FCP et les ETF suivent souvent un indice de référence. Comprenez quel indice est suivi par le fonds et comment il reflète le marché sous-jacent.

Si un FCP suit l'indice CAC 40 en France, assurez-vous de comprendre quelles entreprises sont incluses dans cet indice et comment elles évoluent.

La gestion passive signifie que vous suivez l'évolution du marché plutôt que de tenter de le battre. Adoptez une approche à long terme pour tirer pleinement parti de cette stratégie.

Évitez les réactions impulsives aux fluctuations à court terme du marché et maintenez votre investissement conformément à votre plan initial.

Investir dans les FCP et les ETF offre une solution de gestion simplifiée et diversifiée. En comprenant les nuances de chaque fonds, en choisissant ceux qui correspondent à votre stratégie et en maintenant une perspective à long terme, vous pouvez réduire les risques et profiter des avantages de la gestion passive.

Marchés émergents, matières premières et Cryptomonnaies.

Investir dans les marchés émergents, les matières premières et les cryptomonnaies offre des opportunités uniques, mais ces domaines comportent également des risques élevés. Voici comment maximiser les avantages tout en minimisant les risques associés à ces investissements spécifiques.

Les marchés émergents offrent un potentiel de croissance élevé, mais ils sont également exposés à des risques politiques, économiques et de change.

Faites vos recherches sur les pays spécifiques que vous envisagez d'investir et comprenez leurs dynamiques économiques et politiques.

Diversifiez vos investissements dans plusieurs marchés émergents pour réduire le risque spécifique à un pays.

Soyez prêt à investir à long terme pour traverser les périodes de volatilité.

Investir dans des sociétés technologiques en Asie du Sud-Est, où la croissance économique est forte, peut offrir un potentiel de rendement élevé, mais il faut être conscient des risques associés aux fluctuations des marchés émergents.

Les matières premières telles que l'or, le pétrole et les métaux précieux peuvent agir comme une couverture contre l'inflation.

Comprenez les cycles de l'offre et de la demande dans le secteur des matières premières que vous envisagez.

Diversifiez vos investissements en matières premières pour minimiser l'impact d'une sous-performance dans un seul secteur.

Tenez compte de facteurs géopolitiques et économiques mondiaux qui peuvent influencer les prix.

Investir dans l'or en tant que réserve de valeur peut offrir une protection contre les fluctuations monétaires, mais il faut tenir compte des conditions économiques mondiales et des facteurs qui influencent la demande d'or.

Les cryptomonnaies offrent un potentiel de

rendement élevé, mais elles sont également hautement spéculatives et volatiles.

Éduquez-vous sur les cryptomonnaies, leur technologie sous-jacente et leur utilisation potentielle.

N'investissez que ce que vous pouvez vous permettre de perdre, car la volatilité peut entraîner des pertes importantes.

Diversifiez votre portefeuille pour inclure des actifs plus stables en plus des cryptomonnaies.

Investir dans des cryptomonnaies comme le Bitcoin peut offrir des rendements impressionnants, mais il faut être conscient que leur valeur peut varier de manière significative en fonction des nouvelles et des réglementations du marché.

Investir dans les marchés émergents, les matières premières et les cryptomonnaies nécessite une compréhension approfondie et une gestion prudente des risques. En équilibrant les avantages potentiels avec les risques inhérents à ces domaines, vous pouvez tirer parti des opportunités tout en limitant les pertes potentielles.

Comment démarrer avec des petits investissements.

Commencer à investir avec des petits montants peut sembler décourageant, mais il est tout à fait possible de cultiver une croissance significative même avec des investissements modestes.

Investir régulièrement, même avec de petits montants, est une stratégie pour cultiver votre richesse au fil du temps. L'essence de cette approche est de miser sur la constance plutôt que sur de gros investissements ponctuels.

Lorsque j'ai commencé, mes finances étaient modestes. Cependant, j'ai décidé d'allouer une petite partie de mon salaire chaque mois à l'investissement. J'ai choisi un FCP diversifié qui correspondait à mes objectifs à long terme. Même si le montant initial investi était modeste, je m'efforçais de rester constant dans mes contributions mensuelles.

Au début, les fluctuations du marché pouvaient sembler décourageantes, mais j'ai persisté. J'ai constaté que mes petits investissements réguliers me permettaient d'acheter des parts lorsque les prix étaient bas et d'en acheter moins lorsque les prix étaient élevés, ce qui a contribué à réduire mon coût moyen d'achat au fil du temps.

Avec le temps, j'ai vu l'effet de la croissance composée à l'œuvre. Mes investissements avaient augmenté, non seulement grâce à la croissance des actifs sous-jacents, mais aussi grâce aux contributions régulières que j'avais apportées. Ce processus a transformé mes modestes investissements mensuels en une somme substantielle.

La clé de cette stratégie était la discipline. Chaque mois, j'ai automatiquement transféré un petit montant vers mon compte d'investissement, ce qui m'a aidé à rester sur la bonne voie, même lorsque les fluctuations du marché pouvaient sembler décourageantes. À mesure que mon salaire progressait et que mes revenus augmentaient, j'ai continué à augmenter progressivement mes contributions mensuelles, renforçant ainsi l'impact positif de cette approche.

Investir régulièrement a non seulement cultivé ma richesse, mais a également renforcé ma discipline financière et ma compréhension des marchés. Cela m'a également permis de profiter des avantages de l'investissement à long terme, en évitant la tentation de chronométrer le marché et en minimisant les effets des fluctuations à court terme.

En fin de compte, investir régulièrement avec

constance et discipline peut avoir un impact significatif sur la création de richesse à long terme. C'est une stratégie accessible à tous, quelle que soit la taille initiale de vos investissements, et elle reflète le principe puissant que la croissance constante peut produire des résultats exceptionnels.

Lorsque vous investissez, chaque euro compte. C'est pourquoi il est crucial de prêter une attention particulière aux frais associés à vos investissements. Prioriser les frais réduits peut faire une différence significative dans vos rendements à long terme.

Quand j'ai commencé à explorer le monde des investissements, j'ai été surpris de constater à quel point les frais pouvaient varier d'une plateforme à l'autre et d'un fonds à l'autre. J'ai vite réalisé que chaque euro dépensé en frais était un euro en moins pour mes investissements.

J'ai pris la décision consciente de rechercher des plateformes d'investissement en ligne qui offraient des commissions de négociation faibles et des frais de gestion compétitifs. Au lieu de choisir une plateforme basée uniquement sur des fonctionnalités sophistiquées, j'ai opté pour celle qui offrait le meilleur rapport qualité-prix en termes de coûts.

En appliquant cette stratégie, j'ai pu économiser considérablement sur les frais au fil du temps. Chaque euro économisé en frais était un euro supplémentaire qui contribuait à mes rendements globaux. Cela m'a permis de garder davantage d'argent dans mon portefeuille, ce qui a eu un impact positif sur ma croissance à long terme.

Je me suis également familiarisé avec les différents types de frais auxquels je pouvais être confronté, tels que les frais de transaction, les frais de gestion annuels et les frais d'entrée/sortie. J'ai appris à lire attentivement les prospectus et les informations sur les fonds pour comprendre la structure des frais et les options disponibles.

En fin de compte, cette leçon m'a montré que prioriser les frais réduits était essentiel pour maximiser mes rendements. En économisant sur les coûts, j'ai pu maintenir une plus grande partie de mes gains, ce qui a contribué à renforcer ma croissance globale. Cette stratégie s'applique à tous les investisseurs, quels que soient leurs niveaux d'expérience ou leurs montants d'investissement. Chaque euro économisé en frais compte et peut avoir un impact significatif sur vos résultats financiers à long terme.

Lorsque vous démarrez votre parcours d'investissement avec de petits montants, opter pour des ensembles collectifs tels que les Fonds Communs de Placement (FCP), les Exchange-Traded Funds (ETF) et les fonds indiciels peut être une stratégie judicieuse. Ces véhicules vous permettent de bénéficier d'une diversification instantanée et de l'accès à un large éventail d'opportunités, même avec des investissements modestes. Voici comment cette approche a enrichi mon expérience personnelle d'investissement :

Au début, je voulais avoir une exposition diversifiée aux marchés boursiers, mais je n'avais pas les connaissances ni les ressources pour sélectionner individuellement des actions. J'ai donc opté pour les ETF qui suivaient des indices boursiers larges et bien établis.

En investissant dans un ETF qui suit un indice boursier majeur, j'ai pu acquérir instantanément des parts dans un portefeuille diversifié d'actions de différentes entreprises. Cela m'a donné accès à des entreprises de différents secteurs et régions géographiques, ce qui m'a permis de profiter de la croissance potentielle des marchés mondiaux sans la nécessité de sélectionner individuellement chaque titre.

De plus, des ensembles collectifs sont généralement gérés de manière professionnelle, ce qui signifie que des experts financiers surveillent et ajustent le portefeuille en fonction des évolutions du marché. Cela a allégé le fardeau de la recherche individuelle et m'a permis de me concentrer sur d'autres aspects de ma vie financière.

Une autre grande avantage est que les FCP et les ETF sont souvent plus accessibles aux petits investisseurs. Les frais de gestion peuvent être plus bas que ceux associés à l'achat d'actions individuelles, ce qui est un avantage important lorsque vous débutez avec de petits montants.

En somme, opter pour des ensembles collectifs a été un excellent moyen pour moi de diversifier mes investissements et de profiter des avantages de la gestion professionnelle, même avec des petits investissements. Cette approche simplifiée m'a permis de participer aux marchés financiers mondiaux tout en limitant les risques liés à la sélection d'actions individuelles. C'est une stratégie que je recommande vivement aux investisseurs débutants ou à ceux qui cherchent à démarrer avec de modestes montants.

Une stratégie souvent négligée mais très intéressante consiste à réinvestir les dividendes que vous recevez de vos investissements. Cette approche peut considérablement accélérer la croissance de votre portefeuille et renforcer vos rendements sur le long terme.

En commençant à investir dans des actions et des FCP, je me suis intéressé aux sociétés qui distribuaient des dividendes régulièrement. Plutôt que de retirer les dividendes, j'ai choisi de les réinvestir directement dans les mêmes actions ou fonds.

Cette décision a eu un effet de boule de neige sur la croissance de mon portefeuille. Chaque dividende réinvesti contribuait à l'achat de nouvelles parts, ce qui augmentait ma participation dans les entreprises ou les fonds. À son tour, cela signifiait que les dividendes futurs seraient également plus importants, car ils étaient calculés sur une base plus élevée.

Au fil du temps, cette stratégie de réinvestissement a considérablement accéléré la croissance de mon portefeuille. Non seulement j'ai profité de la croissance des prix des actifs, mais j'ai également augmenté ma participation grâce aux dividendes réinvestis. Cela m'a permis de tirer parti de la magie de la croissance composée ou également appelé « intérêts composés » de manière exponentielle.

La puissance de cette stratégie réside dans le

fait qu'elle exploite l'idée que l'argent peut travailler pour vous, même sans de nouveaux investissements directs. Les dividendes réinvestis deviennent une source supplémentaire de capital qui contribue à renforcer vos investissements existants, créant ainsi un effet de levier pour la croissance.

Pour mettre en œuvre cette stratégie, il vous suffit généralement de cocher une case sur votre compte d'investissement pour activer le réinvestissement automatique des dividendes. Cela se fait généralement sans frais supplémentaires. Cette simplicité en fait une stratégie accessible à tous les investisseurs, quelle que soit leur expérience.

En fin de compte, réinvestir les dividendes est un moyen efficace de maximiser votre croissance à long terme, surtout lorsque vous investissez avec de petits montants. Cela permet à votre argent de travailler pour vous de manière continue, renforçant ainsi votre portefeuille au fil du temps. C'est une stratégie que j'ai personnellement utilisée avec succès pour accélérer ma croissance financière.

Dans le monde de l'investissement, la connaissance est le véritable pouvoir. L'éducation continue est l'un des outils les plus puissants à votre disposition pour prendre des décisions éclairées et réussir dans vos investissements, même avec de petits montants.

J'ai rapidement réalisé que je devais acquérir des connaissances pour prendre des décisions informées. Je me suis plongé dans la lecture de livres, d'articles en ligne, de blogs et de webinaires sur les investissements et la finance personnelle.

J'ai également suivi des cours en ligne gratuits et payants, ce qui m'a permis d'approfondir mes connaissances sur des sujets spécifiques tels que l'analyse financière, la gestion des risques et la diversification du portefeuille. Cette éducation continue m'a non seulement aidé à comprendre les concepts complexes, mais aussi à gagner en confiance dans mes décisions d'investissement.

Une des leçons les plus importantes que j'ai apprises est qu'aucun investissement n'est sans risque. Cependant, grâce à la formation, vous pouvez réduire ces risques en prenant des décisions éclairées et en évitant les pièges courants. Par exemple, en apprenant à analyser les états financiers d'une entreprise, j'ai pu identifier les sociétés solides avec un potentiel de croissance durable, ce qui a influencé mes choix d'investissement.

L'apprentissage continue m'a également aidé à

comprendre la psychologie des marchés. J'ai appris à gérer mes émotions et à éviter les décisions impulsives basées sur les fluctuations à court terme. Cette compréhension m'a permis de rester investi pendant les périodes de volatilité, ce qui a été bénéfique pour mes rendements à long terme.

En fin de compte, se former constamment est un investissement en soi. En consacrant du temps et des ressources à votre apprentissage, vous pouvez améliorer votre compréhension des marchés, renforcer vos compétences d'analyse et de gestion des risques, et prendre des décisions d'investissement plus éclairées. C'est une stratégie qui paie des dividendes au fil du temps et qui peut grandement influencer vos résultats financiers, quelle que soit la taille de vos investissements initiaux.

Commencer avec de petits investissements exige patience et discipline, mais cela peut avoir un impact significatif sur votre situation financière à long terme. Même de modestes contributions régulières peuvent ouvrir la voie à une croissance impressionnante.

Études de cas d'investisseurs qui ont atteint le succès financier en mettant en œuvre des stratégies.

Les parcours des investisseurs qui ont réussi sont des sources inestimables d'inspiration et d'apprentissage. En examinant de près leurs histoires, nous pouvons découvrir les stratégies qui les ont guidés vers le succès et les principes qui ont façonné leurs décisions. Voici deux exemples d'investisseurs que je connais personnellement qui ont prospéré en mettant en œuvre des stratégies réfléchies et intelligentes :

Marie, une entrepreneuse ambitieuse, avait un rêve de créer sa propre entreprise depuis longtemps. Cependant, elle savait que pour réaliser ce rêve, elle devait également prendre en main sa situation financière personnelle. Elle a décidé de commencer par investir régulièrement de petits montants dans des FCP diversifiés, tout en continuant à travailler à plein temps. La stratégie de Marie était de bénéficier de la croissance à long terme tout en gardant un revenu stable.

Au fil des années, les investissements de Marie ont progressivement augmenté en valeur grâce à la croissance des marchés. Elle a également réinvesti les dividendes qu'elle a reçus, en utilisant la stratégie des intérêts composés ce qui a accéléré la croissance de son portefeuille. Lorsque son entreprise a commencé à prospérer, Marie a pu investir davantage et diversifier ses placements. Sa persévérance et sa stratégie réfléchie ont finalement porté leurs fruits, lui permettant de réaliser son rêve entrepreneurial tout en garantissant sa sécurité financière.

Thomas, un jeune étudiant en ressources humaines, avait une approche plus active de l'investissement. Passionné par les nouvelles technologies, il a choisi d'investir dans des actions de sociétés innovantes et prometteuses. Cependant, il a également compris les risques liés à ce type d'investissement. Pour limiter les risques, Thomas a alloué une partie de son portefeuille à des ETF diversifiés.

Thomas a également suivi l'évolution de ses investissements de près. Lorsqu'il a remarqué que certaines actions avaient considérablement augmenté en valeur, il a vendu une partie de ses positions pour prendre des bénéfices et réinvestir dans d'autres opportunités. Cette approche de gestion active lui a permis de maximiser ses rendements tout en gardant une gestion prudente des risques.

Ces études de cas illustrent comment des investisseurs réussis ont adapté leurs stratégies en fonction de leurs objectifs, de leurs connaissances et de leur tolérance au risque. Que vous soyez attiré par l'approche prudente de Marie ou par l'approche active de Thomas, ces histoires vous montrent qu'il n'y a pas de solution unique pour réussir en investissement. Cependant, en apprenant des expériences des autres, vous pouvez affiner vos propres stratégies et poursuivre votre chemin vers le succès financier.

*C*hapitre 6

Entrepreneuriat et création d'entreprise.

Dans ce chapitre, nous explorerons l'excitant monde de l'entrepreneuriat et de la création d'entreprise. Je vous guiderai à travers les étapes pour lancer une entreprise réussie, les défis courants auxquels les entrepreneurs débutants font face. En prenant en compte la législation française et en adaptant ces conseils à votre réalité, vous serez mieux préparé à concrétiser vos aspirations entrepreneuriales.

Les étapes pour lancer une entreprise avec succès.

Lancer une entreprise est un voyage captivant qui nécessite une combinaison de créativité, de stratégie et d'efforts constants.

Idée et conception.
Le processus de création d'une entreprise commence par une idée inspirante et novatrice. Elle peut être le résultat d'une passion personnelle, d'une observation du

marché ou de la combinaison de différentes sources d'inspiration, est le fondement sur lequel votre entreprise reposera.

Commencez par réfléchir à vos propres passions, compétences et domaines d'expertise. Quelles sont les activités qui vous animent et dans lesquelles vous excellez ? Votre entreprise aura plus de chances de réussir si elle est alignée avec ce que vous aimez et ce que vous connaissez bien.

Analysez le marché pour identifier les besoins non satisfaits, les lacunes dans les offres existantes et les tendances émergentes. Vous pourriez trouver des opportunités en observant les problèmes auxquels les gens font face ou les nouvelles demandes qui surgissent. L'originalité est un atout majeur dans le monde des affaires. Pensez à des moyens uniques d'aborder les problèmes ou de répondre aux besoins du marché. Vous pourriez envisager une approche innovante, des fonctionnalités spéciales ou une proposition de valeur différente de celles de la concurrence.

Avant de vous lancer tête baissée, validez votre idée auprès de personnes de confiance ou de votre public cible. Obtenez des retours honnêtes et prenez en compte leurs suggestions pour affiner votre concept. Les commentaires constructifs vous aideront à identifier les points forts et les domaines à améliorer.

Menez une étude de faisabilité pour évaluer la viabilité de votre idée d'un point de vue financier, opérationnel et stratégique. Identifiez les ressources nécessaires, les coûts potentiels, les partenariats requis et les défis anticipés.

Créez une vision claire de votre offre, que ce soit un produit ou un service. Imaginez comment il répondra aux besoins de vos clients, comment il sera fabriqué ou fourni, et quelles seront ses caractéristiques distinctives.

Soyez prêt à affiner et à adapter votre idée au fur et à mesure que vous en apprenez davantage sur le marché et les besoins des clients. Le processus de conception est itératif, et l'adaptabilité est essentielle pour transformer votre idée en une offre convaincante.

En intégrant ces étapes dans le processus de développement de votre entreprise, vous aurez la possibilité de créer une idée solide et attrayante. Une idée bien conçue est la première étape vers la réalisation de vos aspirations entrepreneuriales, et elle servira de base pour chaque décision que vous prendrez par la suite.

Recherche de marché.

La recherche de marché est une étape cruciale pour comprendre votre public cible, identifier les opportunités et les défis, ainsi que pour élaborer une stratégie commerciale solide.

Identifiez clairement le groupe de personnes pour lequel votre produit ou service est destiné. Analysez leurs caractéristiques démographiques, leurs besoins, leurs préférences et leurs comportements d'achat. Plus vous comprenez votre public cible, plus vous pourrez personnaliser votre offre pour répondre à leurs besoins spécifiques.

Étudiez vos concurrents directs et indirects. Analysez leurs produits, leur positionnement sur le marché, leurs stratégies marketing et leur réputation. Cette analyse vous aidera à identifier les lacunes dans l'offre actuelle et à trouver des moyens de vous démarquer.

Restez à jour sur les tendances actuelles et émergentes dans votre secteur d'activité. Les évolutions technologiques, les préférences des consommateurs et les changements socio-économiques peuvent influencer votre entreprise. Adaptez votre offre en conséquence pour rester pertinent.

Évaluez la demande potentielle pour votre

produit ou service. Posez-vous des questions telles que : y a-t-il un marché pour ce que vous proposez ? Les gens sont-ils prêts à payer pour cela ? Quelle est la taille du marché potentiel ? Utilisez diverses méthodes pour collecter des données pertinentes, comme les enquêtes en ligne, les entretiens, les groupes de discussion et l'analyse des données existantes. Ces informations vous aideront à prendre des décisions éclairées.

Une fois que vous avez recueilli des données, analysez-les en profondeur. Identifiez les tendances, les schémas et les insights clés qui peuvent orienter vos décisions stratégiques. La recherche de marché ne se limite pas à la collecte de données, mais également à leur interprétation.

En combinant les informations sur votre public cible, la concurrence et les tendances du marché, identifiez les opportunités que vous pouvez exploiter et les menaces potentielles auxquelles vous devez faire face. Cette analyse SWOT (forces, faiblesses, opportunités, menaces) est essentielle pour élaborer une stratégie efficace.

Utilisez les conclusions de votre recherche pour affiner votre stratégie commerciale. Cela peut inclure l'ajustement de votre proposition de valeur, le choix des canaux de distribution appropriés, la détermination des prix et la création de messages marketing ciblés.

En intégrant une recherche de marché approfondie dans vos efforts de développement d'entreprise, vous pourrez mieux comprendre le paysage dans lequel vous évoluez et prendre des décisions éclairées. Une analyse minutieuse vous permettra d'anticiper les besoins du marché, de cibler efficacement vos clients et de positionner votre entreprise pour une croissance réussie.

Un business plan solide.

Un business plan est une feuille de route essentielle pour guider votre entreprise vers le succès. Il vous aide à clarifier vos objectifs, à définir votre stratégie et à anticiper les défis potentiels. Je vous conseille de l'écrire étape par étape.

Commencez par un résumé exécutif concis mais captivant. Présentez votre entreprise, son objectif, votre proposition de valeur unique, les principaux objectifs et les éléments clés de votre plan.

Donnez une vue d'ensemble de votre entreprise, y compris sa mission, sa vision, ses valeurs et son histoire. Expliquez ce qui vous différencie de la concurrence et pourquoi votre entreprise a le potentiel de réussir.

Plongez dans les détails de votre recherche de marché. Décrivez votre public cible, les tendances du marché, la demande et l'offre actuelle. Utilisez des données et des statistiques pour renforcer vos arguments.

Présentez votre stratégie marketing. Comment allez-vous attirer et fidéliser vos clients ? Quels canaux de marketing utiliserez-vous ? Comment allez-vous positionner votre marque sur le marché ?

Expliquez en détail ce que vous proposez. Quels sont les avantages de vos produits ou services pour vos clients ? Décrivez les caractéristiques, les fonctionnalités et les avantages uniques.

Décrivez comment votre entreprise fonctionnera au quotidien. Incluez des informations sur la gestion, la structure organisationnelle, les opérations, la chaîne d'approvisionnement et la logistique.

C'est l'une des parties les plus critiques du business plan. Élaborez vos projections financières, y compris les prévisions de ventes, les coûts, les bénéfices, le seuil de rentabilité et les besoins en financement. Soyez réaliste et transparent.

Projetez vos plans pour la croissance à court et à long terme. Cela peut inclure l'expansion géographique, le développement de nouveaux produits ou la diversification de votre offre.

Identifiez vos principaux concurrents et analysez leurs forces et faiblesses. Montrez comment vous vous positionnez par rapport à eux et comment vous prévoyez de gagner des parts de marché.

Détaillez comment vous allez mettre en œuvre votre plan. Décomposez les étapes, les responsabilités et les échéances. Cela montre que vous avez une stratégie claire pour exécuter vos idées.

Identifiez les risques potentiels auxquels votre entreprise pourrait être confrontée et comment vous prévoyez de les gérer. Avoir des stratégies d'atténuation vous aidera en cas de difficultés.

Terminez votre business plan en résumant les points clés et en rappelant vos objectifs. Prouvez vous que vous avez une vision claire de la direction dans laquelle vous souhaitez conduire votre entreprise.

Un business plan solide est essentiel pour convaincre les investisseurs, obtenir des prêts bancaires et guider votre entreprise vers le succès. Prenez le temps de rechercher, de réfléchir et de planifier chaque aspect de votre plan, en tenant compte des spécificités de la législation française et des exigences du marché local.

Structure juridique.
Choisir la bonne structure juridique est une étape clé lors de la création de votre entreprise. La structure que vous sélectionnez aura des implications sur votre responsabilité légale, vos obligations fiscales et la gestion de votre entreprise.

Entreprise Individuelle (EI) :
C'est la forme la plus simple et la plus courante pour démarrer une entreprise. En tant qu'entrepreneur individuel, vous êtes seul responsable de votre entreprise et engagez votre responsabilité personnelle. Les formalités administratives sont réduites, mais vous serez imposé sur vos revenus professionnels.

L'Auto-Entreprise:
Également appelée micro-entreprise, est un régime simplifié conçu pour faciliter la création et la gestion d'une petite entreprise individuelle. Ce régime a été instauré pour encourager l'entrepreneuriat et offrir une solution attrayante pour ceux qui souhaitent se lancer dans une activité commerciale ou artisanale. L'auto-entreprise allie simplicité et

flexibilité pour démarrer en douceur. Cependant, les plafonds de chiffre d'affaires sont limités, et la responsabilité est illimitée.

Entreprise Unipersonnelle à Responsabilité Limitée (EURL) :
C'est une version de l'EI avec une responsabilité limitée. Vous êtes le seul associé et votre responsabilité est limitée au montant de vos apports. Cela offre une protection en cas de dettes ou de litiges. Vous pouvez opter pour l'impôt sur le revenu ou l'impôt sur les sociétés (IS).

Société par Actions Simplifiée (SAS) :
La SAS est flexible et offre la possibilité d'avoir plusieurs associés. Les règles de fonctionnement sont plus libres que dans d'autres structures. Les associés déterminent librement le régime fiscal (impôt sur le revenu ou IS) et peuvent structurer les droits et devoirs de manière personnalisée.

Société par Actions Simplifiée Unipersonnelle (SASU) :
C'est l'équivalent de la SAS pour un entrepreneur unique. Vous bénéficiez de la flexibilité de la SAS tout en ayant une responsabilité limitée.

Société à Responsabilité Limitée (SARL) :
La SARL est une structure populaire, adaptée aux petites et moyennes entreprises. Les associés ont une responsabilité limitée au montant de leurs apports. La SARL est soumise à l'IS par défaut, mais peut opter pour l'impôt sur le revenu sous certaines conditions.

Société Anonyme (SA) :
La SA est plus adaptée aux entreprises de plus grande envergure. Elle est composée d'actions et peut avoir de nombreux actionnaires. La responsabilité des actionnaires est limitée à leurs apports. La SA est soumise à l'IS.

Le choix de la structure dépendra de nombreux facteurs tels que votre niveau de responsabilité souhaité, la taille de votre entreprise, vos objectifs fiscaux et votre modèle d'activité. Je vous recommande de consulter un expert-comptable ou un conseiller juridique pour vous aider à prendre la meilleure décision en fonction de votre situation spécifique.

Financement.
Lorsque vous décidez de vous lancer dans l'entrepreneuriat, l'une des questions cruciales qui se posent est celle du

financement de votre projet. Que vous ayez une idée révolutionnaire ou que vous souhaitiez développer un concept déjà existant, il est essentiel de comprendre les bases du financement pour transformer vos rêves en réalité.

Le financement peut commencer par vos propres économies. Cela démontre votre engagement envers votre projet et vous permet de garder un contrôle total sur votre entreprise. Toutefois, cela peut aussi mettre en jeu vos finances personnelles, alors assurez-vous de bien évaluer les risques.

Vous pouvez également solliciter le soutien financier de votre famille ou de vos amis. Cependant, soyez transparent sur les risques et les implications. Établissez des accords clairs pour éviter les malentendus.

Les banques proposent divers types de prêts pour les entrepreneurs. Les prêts personnels, les prêts professionnels, et les lignes de crédit sont quelques-unes des options possibles. Préparez un plan d'affaires solide pour convaincre les prêteurs de la viabilité de votre projet. Vous pouvez vous servir de votre business plan.

En France, de nombreuses subventions et aides financières sont disponibles pour soutenir les entrepreneurs. Renseignez-vous auprès des organismes appropriés pour découvrir les opportunités qui correspondent à votre secteur.

Si votre projet a un fort potentiel de croissance, envisagez le capital-investissement. Les investisseurs peuvent injecter des fonds en échange d'une participation dans votre entreprise.

Le financement participatif (Crowdfunding) est devenu populaire. Vous pouvez présenter votre projet en ligne et solliciter des contributions financières de la part d'un large public. Cette méthode peut être efficace pour mobiliser des fonds et tester la demande pour votre produit ou service.

Voici trois plateformes de crowdfunding populaires :

Ulule :

Ulule est une plateforme de financement participatif basée en France. Elle se concentre sur le financement de projets créatifs, artistiques, et entrepreneuriaux. Ulule permet aux porteurs de projets de collecter des fonds auprès de la communauté en échange de récompenses ou de préventes de produits.

KissKissBankBank :

Elle est aussi française. KissKissBankBank, se

spécialise dans le crowdfunding pour des projets créatifs, artistiques et innovants. Les porteurs de projets peuvent présenter leurs idées et collecter des fonds auprès de contributeurs en échange de récompenses.

Kickstarter :
Bien que Kickstarter soit une plateforme internationale, elle est ouverte aux projets en provenance de la France. Kickstarter est connue pour financer une variété de projets, notamment des gadgets, des jeux, des films, des livres, et bien plus encore. Les créateurs de projet fixent un objectif financier et offrent des récompenses aux contributeurs en fonction de leur niveau de soutien.

Avant de choisir une plateforme de crowdfunding, assurez-vous de bien comprendre les frais associés, les conditions et les attentes en matière de financement. Chaque plateforme a ses propres règles, alors choisissez celle qui correspond le mieux à votre projet et à vos objectifs.
Si vous recherchez des plateformes de crowdfunding adaptées au financement de projets entrepreneuriaux de grande envergure, voici trois options à considérer :
Seedrs :

Seedrs est une plateforme de crowdfunding basée au Royaume-Uni qui se concentre sur l'investissement dans des startups et des entreprises en croissance. Les investisseurs peuvent acheter des actions dans les projets proposés. Seedrs offre également la possibilité de lever des fonds en échange de capitaux propres, ce qui en fait une option solide pour les entrepreneurs à la recherche de financement.

Crowdcube :
C'est une autre plateforme de crowdfunding britannique qui permet aux entrepreneurs de lever des fonds en échange de parts de leur entreprise. Elle est axée sur le financement des startups et des PME en croissance. Crowdcube offre une plateforme bien établie et une base d'investisseurs active.

AngelList :
AngelList est une plateforme internationale qui met en relation des startups avec des investisseurs, y compris des investisseurs providentiels (angels) et des fonds de capital-risque. Elle propose un large éventail de projets, y compris des entreprises en phase de démarrage et des entreprises en croissance. AngelList offre également des outils pour

faciliter la levée de fonds et la gestion des investissements.

Ces plateformes sont réputées pour le financement d'entreprises de grande envergure et peuvent offrir des opportunités d'investissement pour les projets ambitieux. Cependant, il est important de noter que ces plateformes sont souvent plus axées sur l'investissement en actions ou en parts de capital, ce qui signifie que les entrepreneurs peuvent céder une partie de la propriété de leur entreprise en échange de financement. Il est essentiel de bien comprendre les termes et les conditions avant de s'engager sur l'une de ces plateformes.

Certains programmes d'accélération offrent un financement initial en échange d'un accompagnement et d'une expertise pour développer votre entreprise rapidement.
Une fois que vous avez obtenu le financement, il est essentiel de gérer judicieusement ces fonds. Créez un budget réaliste, suivez vos dépenses et veillez à ce que chaque euro investi soit optimisé pour la croissance de votre entreprise.
N'oubliez pas que le financement est une étape cruciale, mais ce n'est pas la seule. Un plan

solide, une gestion efficace et un dévouement constant sont tout aussi importants. Prenez le temps de rechercher vos options de financement, de construire un modèle économique solide et de vous entourer de conseils avisés. Votre projet entrepreneurial peut prospérer avec la bonne approche financière. Alors, prenez cette étape avec confiance et préparez-vous à voir votre entreprise grandir. Bonne chance dans votre aventure entrepreneuriale !

Création de produits et services.
La création de produits ou de services est le cœur de votre entreprise. C'est ce qui vous distingue sur le marché, ce qui répond aux besoins de vos clients, et ce qui génère des revenus.

Commencez par comprendre en profondeur les besoins et les désirs de votre public cible. Identifiez les problèmes que vous pouvez résoudre ou les désirs que vous pouvez satisfaire. Cela servira de base solide pour votre création.

Si vous remarquez une demande croissante par exemple, pour des produits de soins de la peau naturels et respectueux de l'environnement, vous pourriez envisager de créer une ligne de produits de beauté bio.

Laissez votre créativité s'exprimer ! Générez des idées de produits ou de services qui répondent aux besoins identifiés. Ne vous limitez pas à une seule idée - explorez différentes options

Une fois que vous avez une idée solide, effectuez des recherches approfondies pour évaluer sa viabilité. Créez des prototypes ou des échantillons pour tester votre concept. Collectez des commentaires et ajustez en conséquence.

Si vous envisagez de fabriquer des meubles en bois sur mesure, créez un prototype pour évaluer le design, la fonctionnalité et la qualité. Une fois que vous avez validé votre idée, passez à la phase de développement. Créez des spécifications détaillées, sélectionnez des fournisseurs, et mettez en place un processus de production efficace.

Avant de lancer pleinement votre produit ou service, effectuez des tests sur le marché. Proposez des versions bêta ou pilotes à un groupe restreint de clients pour recueillir des commentaires réels.

Si votre idée est de développer une application mobile, invitez un petit groupe de testeurs à l'utiliser et à fournir des commentaires sur les problèmes et les fonctionnalités.

Une fois que tout est prêt, lancez votre produit

ou service sur le marché. Utilisez des stratégies de marketing pour attirer l'attention de votre public cible.

Votre travail ne s'arrête pas après le lancement. Continuez à écouter les retours de vos clients et à améliorer votre produit ou service. Restez à l'affût des tendances et des changements sur le marché.

La création de produits ou de services est une aventure passionnante, mais elle demande du temps, de la patience et de la persévérance. Suivez ces étapes simples, écoutez vos clients, et adaptez-vous aux défis qui se présentent. Votre entreprise peut prospérer grâce à la création de produits et de services qui répondent aux besoins de votre marché.

Stratégie de marketing.

Votre produit ou service peut être exceptionnel, mais il ne servira à rien si personne ne le sait. C'est là que la stratégie de marketing entre en jeu.

Commencez par comprendre en profondeur qui sont vos clients potentiels. Quels sont leurs besoins, leurs préférences, et leurs habitudes d'achat ? Plus vous en savez sur votre public, plus votre stratégie de marketing sera ciblée.

Qu'est-ce qui rend votre produit ou service spécial ? Pourquoi quelqu'un devrait-il choisir votre entreprise plutôt qu'une autre ? Cette proposition de valeur unique doit être le pilier de votre stratégie de marketing.

Sélectionnez les canaux de marketing les plus adaptés à votre public cible. Cela peut inclure les médias sociaux, la publicité en ligne, les événements locaux, le marketing par e-mail, etc.

Si vous ciblez une audience plus jeune, vous pouvez privilégier les médias sociaux comme Instagram et TikTok pour promouvoir votre entreprise.

Produisez du contenu qui informe, divertit ou résout les problèmes de votre public. Cela peut prendre la forme d'articles de blog, de vidéos, de podcasts, etc.

Répondez aux commentaires, aux questions et aux préoccupations de vos clients sur les médias sociaux et via d'autres canaux. L'engagement renforce la confiance.

Utilisez des outils d'analyse pour suivre l'efficacité de vos campagnes marketing. Identifiez ce qui fonctionne et ce qui doit être ajusté.

Votre stratégie de marketing doit évoluer avec le temps pour rester pertinente. Tenez compte des nouvelles tendances, des commentaires des clients et des changements sur le marché.

Une stratégie de marketing efficace demande

du temps et de l'effort, mais elle est essentielle pour faire croître votre entreprise. Soyez patient, écoutez vos clients, et adaptez-vous aux changements du marché. Avec une stratégie bien pensée, vous pouvez faire connaître votre entreprise et attirer des clients fidèles.

Lancement de votre entreprise.

Le jour du lancement de votre entreprise est comparable à l'ouverture d'un cadeau attendu depuis longtemps. C'est excitant, rempli de promesses, et oui, c'est un peu comme un grand spectacle ! Pour que ce moment soit à la hauteur de vos rêves, je vous propose quelques idées. N'oubliez pas de saupoudrer le tout d'un peu de créativité et d'enthousiasme.

Dans ce monde connecté, il n'est pas nécessaire d'organiser une fête d'ouverture physique. Optez pour une fête virtuelle qui permettra à vos amis, à votre famille et à vos futurs clients de participer de partout dans le monde. Vous pourriez organiser un live sur les réseaux sociaux pour présenter votre entreprise, expliquer votre proposition de valeur, et répondre en direct aux questions de vos followers.

Utilisez les médias sociaux pour faire du bruit autour de votre lancement. Créez du suspense en partageant des teasers et des coulisses de votre préparation.

Publiez une série de courtes vidéos montrant les étapes de la création de votre produit, en terminant par le grand dévoilement.

Attirez l'attention avec des offres spéciales de lancement, des réductions ou des cadeaux pour les premiers clients. Cela incite à l'action et crée un sentiment d'urgence.

Si vous lancez une boutique en ligne de vêtements, vous pourriez par exemple offrir une réduction de 20% aux 50 premiers clients.

Si cela convient à votre secteur, collaborez avec des influenceurs pour promouvoir votre entreprise. Leur public peut devenir votre public. Si vous vendez des produits de maquillage, envoyez des échantillons à des blogueurs de beauté pour des critiques et des tutoriels.

Organisez un événement de lancement en ligne, tel qu'un webinaire, un streaming en direct, ou un chat en direct avec vous-même, pour présenter votre entreprise en profondeur.

Rédigez un communiqué de presse sur votre lancement et envoyez-le aux médias locaux et aux blogs pertinents de votre secteur.

Impliquez vos premiers clients dans le processus de lancement en les faisant se sentir spéciaux. Demandez-leur leur avis et remerciez-les pour leur soutien.

N'oubliez pas de célébrer ce moment important. Félicitez-vous, votre équipe et remerciez tous ceux qui ont contribué à votre réussite.

Je souhaite vous partager l'expérience de Sophie, qui a lancé son atelier de bijoux artisanaux.

Sophie, une jeune passionnée de bijoux artisanaux, avait toujours rêvé de transformer sa passion en une entreprise florissante. Elle a créé une ligne de bijoux uniques, faits à la main, avec une touche artistique qui les rendait véritablement spéciaux. Mais elle savait que pour réussir, elle devait marquer les esprits dès le lancement.

Au lieu d'opter pour une ouverture de boutique traditionnelle, Sophie a décidé d'organiser un événement de lancement inoubliable. Elle a choisi un magnifique jardin botanique local comme lieu, car il reflétait la nature et la beauté de ses créations.

Sophie a soigné les moindres détails de l'événement. Elle a invité des amis et des contacts de l'industrie de la mode et des bijoux, ainsi que des influenceurs locaux. Elle a créé des cartons d'invitation artistiques à la main, avec un échantillon de bijoux attaché.

Lors de l'événement, Sophie a créé une expérience immersive. Elle a disposé ses bijoux dans des présentoirs élégants, éclairés par des lumières douces pour mettre en valeur leur beauté. Elle a même organisé un atelier où les invités pouvaient créer leurs propres bijoux, ce qui a ajouté une touche interactive à la soirée.

Sophie a utilisé les médias sociaux pour créer l'anticipation. Elle a partagé des aperçus des préparatifs, des teasers sur ses nouvelles créations, et des vidéos en direct pendant l'événement. Elle a créé un hashtag spécifique pour encourager les invités à partager leurs photos sur les réseaux sociaux.

L'événement de lancement a été un succès retentissant. Les invités étaient enthousiasmés par les bijoux de Sophie et l'histoire derrière chaque création. Ils ont partagé leurs expériences sur les médias sociaux, créant ainsi un bouche-à-oreille puissant.

Grâce à son lancement mémorable, Sophie a rapidement attiré l'attention des médias locaux, des blogs de mode et des boutiques de cadeaux. Ses ventes ont augmenté de manière significative, et son entreprise de bijoux artisanaux a prospéré.

Sophie a compris que le lancement de son entreprise ne consistait pas seulement à vendre des bijoux, mais à raconter une histoire et à créer une expérience pour ses clients potentiels. Son événement de lancement a non seulement généré des ventes, mais il a également construit une base de clients engagés et fidèles. C'est un exemple de la façon dont une jeune entrepreneuse peut transformer sa passion en succès commercial grâce à la créativité et à l'innovation.

Le lancement de votre entreprise est le moment où vous partagez votre passion avec le monde. Faites-en un événement mémorable, rempli d'émotion et de créativité. Le succès est au rendez-vous de ceux qui osent briller dès le début. Alors, sortez le tapis rouge, souriez à l'objectif, et lancez-vous vers le succès !

Gestion opérationnelle.

La gestion opérationnelle est l'épine dorsale de votre entreprise. C'est le processus qui permet à toutes les pièces du puzzle de s'emboîter harmonieusement. Laissez-moi vous expliquer comment cela fonctionne, sans vous assommer de jargon ennuyeux, et en utilisant un exemple simple mais concret.

Pour commencer, imaginez votre entreprise comme un orchestre. Chaque membre a un rôle spécifique à jouer. Assurez-vous que votre structure organisationnelle est claire et que chaque employé (si vous en avez) sait quel est son rôle et comment il contribue à l'ensemble.

L'importance de la communication ne peut être surestimée. Assurez-vous que vos employés communiquent ouvertement, partagent des informations pertinentes et collaborent pour résoudre les problèmes.

La technologie peut grandement simplifier la gestion opérationnelle. Les logiciels de comptabilité, de gestion de projet et de suivi des ventes peuvent automatiser de nombreuses tâches fastidieuses.

Par exemple, Un propriétaire de boutique en ligne peut utiliser un logiciel de gestion des stocks pour suivre automatiquement les niveaux de produit.

La gestion opérationnelle n'est pas statique. Elle évolue avec le temps. Assurez-vous de surveiller régulièrement vos processus, de recueillir des commentaires de vos employés et d'apporter des améliorations.

Enfin, ne sous-estimez pas la nécessité de planifier pour la croissance. Votre gestion opérationnelle doit être capable de s'adapter à mesure que votre entreprise se développe.

La gestion opérationnelle, c'est comme la danse fluide d'un chef d'orchestre dirigeant son ensemble. Chaque note, chaque mouvement compte. Avec une structure organisationnelle solide, des processus optimisés, une communication transparente, la bonne technologie, une évaluation continue et une vision de croissance, vous pouvez mener votre entreprise vers le succès tout en évitant les tracas inutiles. La gestion opérationnelle n'est pas ennuyeuse quand vous la considérez comme l'art de faire fonctionner votre entreprise avec élégance.

Évolution et adaptation.

Imaginez votre entreprise comme une plante. Pour prospérer, elle doit pousser, s'adapter aux changements saisonniers, et éventuellement, se ramifier pour croître davantage. C'est un concept simple, et il s'applique à la vie de toute entreprise. Voici comment l'évolution et l'adaptation peuvent être le moteur de votre succès, illustré par un exemple vivant.

Comme un jardinier observant attentivement son jardin, vous devez surveiller votre environnement commercial. Connaître vos concurrents, leurs mouvements et les tendances de l'industrie sont essentiels.

Parfois, il faut changer la formule. Si une ligne de produits ou un service n'atteint pas les objectifs, il est temps de réfléchir à des ajustements ou même à un pivot complet.

Je prends l'exemple d'un studio de yoga qui a initialement axé son offre sur les cours en présentiels. Cependant, en réponse à la pandémie, ils ont rapidement pris la décision de développer des cours en ligne, ce qui a maintenu leur entreprise en activité.

Gardez également en tête que vos clients sont comme des bourgeons prêts à s'épanouir. Écoutez leurs commentaires, leurs besoins et leurs suggestions. Ils peuvent vous guider vers de nouvelles opportunités.

Comme une plante étend ses racines pour trouver de nouvelles sources d'eau, votre entreprise peut chercher de nouveaux marchés ou de nouveaux publics pour se développer.

Les erreurs sont comme des feuilles mortes qui nourrissent le sol pour une croissance future. Ne craignez pas d'essayer de nouvelles choses, même si cela signifie faire des erreurs en cours de route.

Enfin, la clé de l'évolution est la planification. Regardez vers l'avenir, anticipez les défis potentiels et préparez-vous à évoluer en conséquence.

Je connais une agence de voyage qui a élaboré un plan de continuité des activités pour faire face à des événements imprévus tels que des pandémies, ce qui leur a permis de maintenir leurs opérations pendant les périodes difficiles.

L'évolution et l'adaptation sont les éléments clés d'une entreprise prospère. Comme une plante qui s'ajuste pour absorber la lumière du soleil et l'eau de pluie, votre entreprise doit s'ajuster aux réalités changeantes du marché. Lorsque vous embrassez ces principes, votre entreprise peut fleurir et prospérer, tout en restant résiliente face aux défis.

En suivant ces étapes avec détermination et engagement, vous pouvez établir une base solide pour votre entreprise. Chaque étape est essentielle pour construire un modèle commercial durable et prospère. Gardez à l'esprit que le chemin de l'entrepreneuriat peut être parsemé de défis, mais avec la bonne approche, vous pouvez les surmonter et réaliser vos aspirations entrepreneuriales.

Surmonter les défis courants des entrepreneurs débutants.

Les débuts en entrepreneuriat sont excitants, mais ils peuvent également être parsemés de défis redoutables. Je vais partager avec vous quelques-uns de ces obstacles que j'ai personnellement rencontrés en tant qu'entrepreneur, et comment les surmonter, afin que vous puissiez vous lancer avec confiance.

Lorsque vous êtes le capitaine de votre propre navire, la gestion du temps devient cruciale. Il est facile de se laisser emporter par les multiples tâches à accomplir.

Au début de mon parcours entrepreneurial, j'étais souvent submergé par les urgences. J'ai adopté la technique Pomodoro, travaillant par intervalles de 25 minutes, suivis de courtes pauses. Cela m'a permis de rester concentré et productif.

L'entrepreneuriat peut être solitaire, surtout si vous travaillez depuis chez vous. L'absence de collègues peut parfois peser sur le moral.

J'ai rejoint des groupes locaux d'entrepreneurs et des forums en ligne pour établir des connexions et partager des expériences. Cela m'a aidé à surmonter le sentiment d'isolement.

Les responsabilités constantes peuvent entraîner du stress. Il est essentiel de trouver des moyens de le gérer.

La méditation et l'exercice sont devenus des rituels quotidiens pour moi. Cela m'a permis de maintenir un équilibre entre le travail et la vie personnelle.

Les revenus fluctuants sont monnaie courante

pour de nombreux entrepreneurs débutants. Comment gérer les périodes de vaches maigres ?

J'ai établi un fonds d'urgence personnel et professionnel pour faire face aux imprévus financiers. Un fonds d'urgence est une réserve d'argent mise de côté spécifiquement pour faire face à des dépenses inattendues. Il offre de nombreux avantages, notamment La tranquillité d'esprit. Vous savez que vous avez de l'argent disponible pour faire face à des situations imprévues comme des réparations de voiture, des frais médicaux, ou même la perte de votre emploi. Plutôt que de recourir à des prêts en cas d'urgence, vous utilisez votre propre argent, évitant ainsi de vous endetter davantage. Un fonds d'urgence renforce votre stabilité financière, ce qui vous permet de prendre des décisions plus judicieuses concernant vos finances à long terme. Je vous conseille vraiment de prévoir ce fond avant de créer votre entreprise.

L'entrepreneuriat comporte toujours un risque d'échec. Comment surmonter cette peur ?

J'ai accepté que l'échec puisse être une étape vers la réussite. J'ai analysé mes erreurs, appris de mes échecs, et les ai utilisés comme tremplin pour de futurs succès.

Les hauts et les bas de l'entrepreneuriat peuvent parfois entamer votre motivation.

J'ai créé un tableau de vision numérique (chapitre 1) pour visualiser mes objectifs à long terme. Cela m'a aidé à rester concentré sur ma vision et à surmonter les moments difficiles.

L'entrepreneuriat peut empiéter sur votre vie personnelle. Comment trouver cet équilibre ?

J'ai établi des horaires de travail définis et respecté des jours de repos. Cela m'a permis de maintenir un équilibre sain.

Chaque entrepreneur rencontre des défis. Ce qui compte, c'est la façon dont vous les abordez. Ne craignez pas ces obstacles ; voyez-les comme des opportunités d'apprentissage. Avec la persévérance, la flexibilité et une attitude positive, vous pouvez surmonter ces défis et tracer votre propre chemin vers le succès entrepreneurial.

Chapitre 7

Maîtriser l'art de la négociation.

La négociation est une compétence essentielle dans la vie professionnelle et personnelle. Dans ce chapitre, nous explorerons les principes fondamentaux de la négociation réussie, les techniques pour obtenir de meilleurs salaires et contrats, ainsi que des scénarios pratiques de négociation pour vous inspirer.

Les principes fondamentaux de la négociation réussie.

La négociation est une danse subtile d'échanges, de compromis et de persuasion. Pour réussir dans cet art, il est essentiel de comprendre les principes fondamentaux qui la sous-tendent.

Imaginez un voyage sans carte ni destination en tête. La négociation est similaire. La première étape de la préparation consiste à définir clairement votre objectif. Qu'essayez-vous d'accomplir à travers cette négociation ? Il peut s'agir d'obtenir un contrat, de négocier un salaire, d'acheter une maison, ou même de régler un désaccord avec un collègue. Quelle que soit la situation, avoir un objectif clair en tête est essentiel. C'est comme définir votre destination avant de partir en voyage. Une partie essentielle de la préparation consiste à connaître vos alternatives. Si la négociation échoue, quelles sont vos autres options ? Cette connaissance vous confère un pouvoir considérable. Vous ne vous sentirez pas acculé à accepter un accord désavantageux si vous savez que vous avez d'autres choix. Votre point de référence est la limite jusqu'à laquelle vous êtes prêt à aller dans la négociation. C'est comme avoir une boussole interne qui vous guide. Une fois que vous avez déterminé cette limite, il est essentiel de vous y tenir, sauf si vous obtenez des concessions significatives en retour.

En fin de compte, la préparation vous donne une base solide pour négocier avec confiance. Elle vous permet d'aborder la négociation avec une vision claire de vos objectifs, de vos alternatives et de vos limites. En intégrant ce principe dans votre approche de la négociation, vous serez mieux préparé à obtenir des résultats positifs, à résoudre des conflits et à conclure des accords mutuellement bénéfiques.

La négociation est un dialogue, pas un

monologue.

L'écoute active est une compétence cruciale dans l'art de la négociation. Imaginez-vous dans une conversation où personne ne vous écoute réellement. Vous vous sentiriez ignoré et frustré, n'est-ce pas ? De même, dans une négociation, l'écoute active crée un climat de confiance et favorise la compréhension mutuelle. L'un des fondements de l'écoute active est la conviction que pour être compris, vous devez d'abord comprendre l'autre partie. Cela signifie que vous devez faire preuve de patience et de compassion envers les besoins, les préoccupations et les motivations de votre interlocuteur. Poser des questions ouvertes est une stratégie puissante pour encourager l'autre partie à s'exprimer davantage. Les questions qui commencent par « comment », « pourquoi », « quand » ou « quel » sont plus propices à obtenir des informations riches.

Prouver que vous écoutez attentivement peut être aussi simple que de résumer ou de reformuler ce que l'autre partie vient de dire. Cela montre que vous accordez de l'importance à ses paroles et que vous cherchez à clarifier votre compréhension.

L'écoute active est une compétence qui peut transformer une négociation moyenne en une négociation réussie. Elle favorise la confiance, la compréhension mutuelle et l'établissement de relations solides. En intégrant le principe de l'écoute active dans votre boîte à outils de négociation, vous serez mieux préparé à gérer les défis et à conclure des accords bénéfiques pour toutes les parties impliquées.

Le principe de l'équité est fondamental dans toute négociation réussie. Il repose sur la conviction qu'une négociation doit aboutir à un accord mutuellement bénéfique, où toutes les parties impliquées ressortent gagnantes.

L'équité en négociation consiste à chercher des solutions qui satisfont les intérêts de toutes les parties. Au lieu de voir la négociation comme un jeu à somme nulle où l'un gagne et l'autre perd, recherchez des compromis qui permettent à tous de sortir gagnants.

Pour parvenir à l'équité, il est essentiel de maintenir une communication ouverte et transparente. Partagez vos besoins, vos préoccupations et vos limites de manière honnête. De cette façon, les deux parties sont informées et peuvent collaborer pour trouver des solutions acceptables. Lorsque vous visez l'équité, il est essentiel d'écouter attentivement les besoins et les préoccupations de l'autre partie (encore et toujours de l'écoute active). Comprendre ce qui est important pour eux vous permet de proposer des solutions qui tiennent compte de leurs intérêts.

En fin de compte, l'équité en négociation crée des accords plus durables et renforce les relations. Elle repose sur la conviction que, en travaillant ensemble pour trouver des solutions « gagnant-gagnant », les deux parties peuvent atteindre leurs objectifs de manière satisfaisante.

Techniques de négociation pour obtenir de meilleurs salaires et contrats

La négociation des salaires et des contrats peut être un terrain délicat, mais il existe des techniques éprouvées pour vous aider à obtenir ce que vous méritez. Dans cette section, nous allons explorer quelques-unes de ces techniques, en les illustrant avec des exemples concrets et des conseils pratiques.

Avant de vous lancer dans une négociation salariale ou contractuelle, faites des recherches approfondies. L'une des premières choses à découvrir lors de la recherche préliminaire est la fourchette de rémunération ou de tarifs pour le poste ou le service que vous négociez. Cette fourchette peut varier en fonction de l'industrie, de la région géographique et de l'expérience. Savoir où vous vous situez dans cette fourchette est crucial pour établir des attentes réalistes.

Examinez attentivement la proposition ou le contrat que vous négociez. Comprenez les détails, les termes et les conditions. Identifiez les points qui sont négociables et ceux qui sont fixes. Cette analyse approfondie vous aidera à cibler vos demandes et à formuler des arguments convaincants. La recherche préliminaire ne concerne pas seulement les chiffres, mais aussi la compréhension de l'employeur ou du client. Découvrez l'historique de l'entreprise, sa culture, ses valeurs et ses projets récents. Cette connaissance vous permettra de personnaliser votre argumentation et de montrer que vous êtes bien informé. La recherche préliminaire est la base de votre préparation à toute négociation. Elle renforce votre position, éclaire vos demandes et vous donne la confiance nécessaire pour aborder la table de négociation avec succès.

Lorsque vous entrez dans une négociation pour un salaire, un contrat ou toute autre forme d'accord, mettre en avant la valeur que vous apportez est une stratégie puissante. La première étape pour mettre en avant votre valeur est d'identifier vos atouts uniques. Quelles sont vos compétences, votre expérience, vos réalisations ou vos qualités personnelles qui font de vous un actif précieux pour l'entreprise ou le projet en question ? Identifiez-les clairement.

Une fois que vous avez identifié vos atouts, reliez-les aux besoins de l'employeur ou du client. Montrez comment vos compétences ou votre expérience spécifiques répondent aux défis ou aux objectifs auxquels ils sont confrontés. Plus vous pouvez montrer que vous résolvez un problème ou que vous contribuez à atteindre un objectif, plus votre valeur est évidente.

Les exemples concrets sont l'un des moyens de mettre en avant votre valeur. Préparez des histoires ou des réalisations spécifiques qui démontrent vos compétences et votre impact. Les exemples tangibles rendent votre argumentation plus convaincante.

Lorsque vous mettez en avant votre valeur, soyez confiant et convaincant. Parlez de manière claire et affirmative, en évitant la modestie excessive. Montrez que vous croyez en votre propre valeur, ce qui encourage l'autre partie à le faire aussi.

Mettre en avant la valeur que vous apportez est une compétence qui peut transformer vos négociations. En montrant comment vous répondez aux besoins et aux objectifs de l'autre partie, vous augmentez vos chances d'obtenir des conditions plus avantageuses.

Lors de négociations, il y a un outil sous-utilisé mais extrêmement puissant à votre disposition : le silence. La technique du « silence confortable » consiste à savoir quand se taire et laisser l'autre partie répondre ou réfléchir.

Le silence peut être déconcertant. Il met une pression tacite sur l'autre partie pour parler ou agir. Utilisé judicieusement, il peut vous donner l'avantage dans une négociation.

Pour utiliser la technique du « silence confortable », vous devez être patient. Ne cédez pas à l'envie de combler le silence avec des paroles. Laissez l'autre partie prendre le relais.

Le silence peut également encourager la réflexion. Lorsque vous posez une question importante ou que vous faites une proposition, donnez à l'autre partie le temps de réfléchir avant de répondre.

Bien que le silence soit un outil intéressant, il doit être utilisé avec modération. Trop de silence peut sembler étrange ou mal à l'aise. Utilisez-le de manière stratégique, notamment lors de moments cruciaux de la négociation. La technique du « silence confortable » est un atout puissant pour les négociateurs astucieux. En l'appliquant judicieusement, vous pouvez obtenir des informations précieuses, encourager la réflexion de l'autre partie et renforcer votre position.

Lorsque vous aspirez à une négociation équitable, le principe de l'équité est un guide essentiel. Il repose sur l'idée que les parties impliquées dans une négociation devraient recevoir une part équitable des avantages et des concessions. L'équité est un fondement essentiel de la confiance en négociation. Lorsque les parties ont confiance dans le fait qu'elles recevront un traitement équitable, elles sont plus enclines à collaborer et à parvenir à un accord mutuellement bénéfique. Dans une négociation, l'équité implique un équilibre entre les avantages et les concessions. Les deux parties devraient sentir qu'elles obtiennent quelque chose de valeur égale en échange de ce qu'elles donnent.

Le non-respect du principe de l'équité peut entraîner de l'exploitation et du ressentiment. Si l'une des parties sent qu'elle est désavantagée de manière injuste, cela peut compromettre la relation et la négociation elle-même.

Pour appliquer le principe de l'équité, la communication et la transparence sont essentielles. Les parties doivent être ouvertes sur leurs attentes, leurs objectifs et leurs limites afin de parvenir à un accord qui soit équitable pour tous.

Le principe de l'équité est un pilier fondamental de la négociation réussie. En le comprenant et en l'appliquant dans vos négociations, vous contribuez à créer des relations de confiance et à parvenir à des accords mutuellement bénéfiques.

L'ensemble de ces principes, une fois intégrés, deviennent la base solide sur laquelle vous pouvez bâtir vos compétences en négociation. Ils vous guideront vers des négociations plus fructueuses et vous aideront à construire des relations professionnelles durables.

Scénarios pratiques de négociation et solutions inspirantes.

Pour compléter notre exploration du monde de la négociation, nous allons plonger dans des scénarios pratiques de négociation, en utilisant des exemples concrets et des solutions inspirantes. Ces situations réelles illustrent comment les principes de la négociation peuvent être appliqués avec succès.

La négociation salariale.
Vous êtes en poste depuis plusieurs années et estimez que votre salaire ne reflète pas votre contribution à l'entreprise. Vous entamez une négociation salariale avec votre supérieur hiérarchique. Vous faites valoir vos réalisations, vos compétences et la valeur que vous apportez à l'entreprise pour justifier une augmentation.

Solution Inspirante :
Dans cette situation, la communication ouverte et la préparation sont essentielles. Vous avez réussi à établir une discussion basée sur les faits et à montrer en quoi vous méritez une meilleure rémunération. Votre patron reconnaît votre valeur et vous accorde une augmentation substantielle.

La négociation d'un contrat de partenariat commercial.
Vous dirigez une petite entreprise de produits artisanaux et vous négociez un contrat de partenariat avec une chaîne de magasins. Vous souhaitez que les conditions du contrat, y compris les prix et les délais de livraison, soient favorables à votre entreprise.

Solution Inspirante :
Vous avez démontré votre compréhension des besoins de votre entreprise ainsi que votre capacité à négocier un accord avantageux. Grâce à une communication claire et à la volonté de trouver un terrain d'entente, vous concluez un contrat qui permet à votre entreprise de croître.

La négociation d'un accord de divorce à l'amiable.

Vous et votre conjoint décidez de vous séparer de manière amicale. Vous négociez un accord de divorce qui englobe la garde des enfants, la répartition des biens et le soutien financier.
Solution Inspirante :
Malgré la situation difficile, vous avez choisi de négocier de manière respectueuse et équitable. Grâce à une médiation efficace et à la priorité donnée au bien-être des enfants, vous parvenez à un accord de divorce qui préserve les relations familiales et minimise le stress pour tous.

Ces scénarios de négociation réels montrent que les compétences en négociation sont pertinentes dans divers contextes de la vie. En utilisant des principes tels que la préparation, la communication et la recherche d'un terrain d'entente, vous pouvez atteindre des résultats positifs, que ce soit dans votre carrière, vos affaires ou même vos relations personnelles.

Chapitre 8

Le pouvoir des réseaux sociaux et du personal branding.

À l'époque où nous vivons, les réseaux sociaux et le personal branding sont devenus des leviers pour forger votre identité en ligne et, par extension, votre succès financier. Dans ce chapitre, nous explorerons en détail comment créer et développer votre marque personnelle en ligne, comment utiliser les réseaux sociaux pour élargir vos opportunités financières, et nous découvrirons des exemples inspirants d'individus qui ont fait de leur branding personnel un atout majeur.

Créer et développer votre marque personnelle en ligne.

Votre marque personnelle est votre empreinte digitale dans le monde en ligne. Elle reflète qui vous êtes, ce que vous faites et pourquoi vous le faites.

La première étape pour créer une marque personnelle en ligne solide consiste à identifier votre niche. Cela signifie choisir un domaine spécifique dans lequel vous excellez et qui vous passionne. Lorsque vous êtes passionné par votre niche, il est plus facile de créer un contenu de qualité et de maintenir un engagement durable.

Si vous êtes un expert en nutrition et que vous êtes passionné par la cuisine saine, votre niche pourrait être « Conseils en nutrition pour une vie saine ».

Une fois que vous avez identifié votre niche, il est temps de créer une présence en ligne solide.

Créez un site web ou un blog :
C'est votre base en ligne. Utilisez un nom de domaine qui reflète votre niche et votre expertise.

Utilisez les réseaux sociaux :
Créez des profils professionnels sur les réseaux sociaux pertinents pour votre niche, comme LinkedIn, Twitter, Instagram ou Facebook.

Publiez du contenu de qualité :
Créez du contenu régulièrement. Écrivez des articles, partagez des vidéos, des images, des infographies ou des podcasts qui apportent de la valeur à votre public.

L'authenticité est la clé d'une marque personnelle réussie. Soyez vous-même en ligne. Partagez vos réussites, vos échecs, vos passions et vos valeurs. Les gens sont attirés par l'authenticité, car elle établit une connexion humaine.

Si vous êtes un entrepreneur, partagez les défis que vous avez rencontrés en cours de route et comment vous les avez surmontés. Cela montrera que vous êtes authentique et que vous comprenez les luttes de votre public.

Votre marque personnelle repose sur votre expertise. Partagez votre connaissance et donnez des conseils utiles à votre public. Répondez aux questions, soyez réactif et montrez que vous êtes une ressource précieuse dans votre domaine.

Par exemple, si vous êtes un coach en développement personnel, partagez régulièrement des conseils pratiques sur la gestion du stress, la croissance personnelle, ou l'amélioration de la confiance en soi.

L'engagement avec votre public est essentiel. Répondez aux commentaires, posez des questions, et créez une communauté autour de votre marque personnelle. Votre public est votre atout le plus précieux, alors investissez du temps pour construire des relations significatives.

En suivant ces étapes et en développant votre présence en ligne de manière cohérente, vous pouvez créer et développer une marque personnelle puissante. Votre marque vous ouvrira des portes, que ce soit pour des opportunités professionnelles, pour développer votre entreprise ou pour atteindre vos objectifs financiers.

Utiliser les réseaux sociaux pour élargir vos opportunités financières.

Les réseaux sociaux ne sont plus simplement des plateformes pour rester en contact avec des amis et partager des photos. Ils sont devenus des outils puissants pour élargir vos opportunités financières. Dans cette partie, nous explorerons comment vous pouvez utiliser intelligemment les réseaux sociaux pour créer des opportunités financières qui correspondent à vos objectifs.

Les réseaux sociaux offrent une plateforme mondiale pour élargir votre réseau professionnel. Suivez des leaders d'opinion, des entrepreneurs, des experts et d'autres professionnels de votre domaine. Interagissez avec leurs publications, commentez, posez des questions pertinentes et établissez des connexions.

Rejoignez des groupes liés à votre niche sur des plateformes comme LinkedIn ou

Facebook. Cela vous permettra de discuter avec des pairs, de partager vos connaissances et de trouver des opportunités de collaboration.

Partagez des articles, des vidéos ou des infographies qui démontrent votre expertise. Cela attire l'attention et renforce votre crédibilité.

Votre marque personnelle, telle que définie dans le chapitre précédent, est un atout précieux. Utilisez les réseaux sociaux pour la promouvoir

Assurez-vous que vos profils sur les réseaux sociaux reflètent votre marque personnelle. Utilisez des photos professionnelles et rédigez des descriptions claires de ce que vous faites et de ce que vous apportez.

Partagez régulièrement du contenu qui montre votre expertise et votre passion. Répondez aux questions de votre public et établissez-vous comme une ressource de confiance.

Ne soyez pas timide pour célébrer vos réussites professionnelles. Que ce soit un nouveau contrat, une publication importante ou une conférence à laquelle vous avez participé, partagez-le avec votre réseau.

En utilisant les réseaux sociaux, vous pouvez également rechercher activement des opportunités financières

De nombreuses entreprises publient des offres d'emploi sur les réseaux sociaux. Suivez les pages de recrutement des entreprises qui vous intéressent.

Rejoignez des groupes ou des forums d'investissement en ligne pour rester à l'affût des occasions d'investissement, que ce soit dans l'immobilier, les actions, les startups, ou d'autres domaines.

Utilisez les réseaux sociaux pour trouver des partenaires commerciaux, des co-fondateurs, ou des clients potentiels. Une simple conversation en ligne peut déboucher sur une collaboration fructueuse.

Les réseaux sociaux sont un outil précieux pour élargir vos opportunités financières. En utilisant intelligemment ces plateformes, en développant votre réseau, en promouvant votre marque personnelle et en recherchant activement des opportunités, vous pouvez ouvrir de nouvelles portes pour votre réussite financière.

Exemples d'individus français connus qui ont utilisé le branding personnel pour réussir.

L'utilisation du branding personnel pour réussir n'est pas réservée aux célébrités internationales. En France, de nombreux individus ont su tirer parti de leur présence en ligne pour atteindre leurs objectifs et se démarquer dans leurs domaines respectifs. Voici quelques exemples inspirants d'individus français qui ont fait de leur marque personnelle un atout majeur pour leur réussite.

Léa Elui - Influenceuse digitale.

Léa Elui est devenue une figure incontournable dans le monde des influenceurs et des créateurs de contenu en France. À travers son compte Instagram et sa chaîne YouTube, elle partage son style de vie, ses conseils de beauté et ses voyages. Grâce à son branding personnel, elle a pu collaborer avec de grandes marques, lancer sa propre ligne de vêtements et bâtir une communauté de fans fidèles.

Léna Mahfouf, dit « Léna Situations. » - Influenceuse.

plus connue sous le nom de "Léna Situations", est une célèbre influenceuse, youtubeuse, et autrice française. Léna s'est fait connaître grâce à sa chaîne YouTube où elle partage des vidéos sur des sujets tels que la mode, la beauté, le lifestyle, et le développement personnel.

Elle est également active sur les réseaux sociaux, notamment sur Instagram, où elle compte des millions d'abonnés. Léna Situations a réussi à créer une marque personnelle forte grâce à son contenu authentique et à sa personnalité pétillante.

En plus de sa carrière sur les réseaux sociaux, Léna a publié un livre intitulé « Toujours plus », dans lequel elle partage ses réflexions sur la vie, la confiance en soi, et le succès. La création de ses Pop-Up (magasins éphémères) « Hôtel Mahfouf » dans Paris tous les mois d'août et également à Noël sont des événement très attendus. Elle est devenue une figure influente dans l'univers des médias sociaux et de la jeunesse en France.

Cédric Grolet - Le pâtissier étoilé.

Cédric Grolet est un pâtissier français célèbre pour ses créations artistiques et innovantes. Son compte Instagram est un véritable spectacle visuel de pâtisseries exquises. Grâce à son branding personnel axé sur la créativité et la perfection, il a conquis le monde de la pâtisserie et attiré l'attention de médias internationaux. Ses pâtisseries sont devenues une expérience incontournable pour les gourmands du monde entier.

Anne-Sophie Pic - La cheffe étoilée

Anne-Sophie Pic est une cheffe étoilée française qui a su mettre en avant son expertise culinaire à travers son branding personnel. Elle partage son amour pour la cuisine à travers des livres de recettes, des émissions de télévision et des ateliers culinaires. Son image de femme cheffe étoilée, à la tête de plusieurs restaurants renommés, a renforcé sa réputation dans le monde de la gastronomie.

Ces exemples démontrent que le branding personnel peut être un puissant levier pour réussir en France, que ce soit dans le domaine de la science, de l'influence digitale, de la pâtisserie ou de la gastronomie. En développant une marque personnelle authentique et en utilisant intelligemment les médias sociaux, ces individus ont ouvert des portes vers le succès financier et professionnel.

Chapitre 9

Surmonter les obstacles et garder la motivation.

La route vers la liberté financière est rarement un chemin pavé de roses. Elle est parsemée d'obstacles qui peuvent tester votre détermination. Cependant, c'est dans la persévérance face à ces défis que réside la clé du succès financier. Dans ce chapitre, nous allons explorer les obstacles courants à la quête de liberté financière, les stratégies pour les surmonter.

Identifier les obstacles communs à la quête de liberté financière.

Avant de vous lancer dans la quête de la liberté financière, il est essentiel de reconnaître et de comprendre les obstacles qui peuvent se dresser sur votre chemin. Une prise de conscience précoce de ces défis peut vous aider à élaborer des stratégies pour les surmonter.

Pour de nombreuses personnes, les dettes constituent un fardeau financier majeur. Il peut s'agir de dettes de cartes de crédit, de prêts étudiants, de prêts automobiles ou de prêts hypothécaires. Le remboursement de ces dettes peut entraver votre capacité à épargner et à investir pour l'avenir. Pour des solutions détaillées sur la gestion des dettes accablantes, je vous encourage à vous référer au chapitre 3 intitulé « Réduire les dettes et planifier un remboursement efficace ». Ce chapitre vous fournira des stratégies spécifiques pour élaborer un plan de remboursement de dettes efficace, prioriser vos paiements et vous libérer du fardeau des dettes qui entravent votre chemin vers la liberté financière.

L'éducation financière est souvent sous-estimée, et le manque de connaissances solides en matière d'argent peut entraver vos progrès. Sans une compréhension adéquate des concepts financiers, il peut être difficile de prendre des décisions éclairées. Vous pourriez suivre des cours en ligne sur la finance personnelle. De nombreuses plateformes en ligne proposent des cours gratuits ou abordables qui couvrent un large éventail de sujets financiers, tels que la gestion de l'argent, l'investissement, la planification de la retraite, et bien plus encore.

En suivant ces cours, vous pouvez acquérir des

connaissances précieuses sur la gestion de l'argent, apprendre à élaborer un budget, à investir intelligemment, à réduire les dettes, et à planifier votre avenir financier. Ces cours sont souvent conçus pour être accessibles à tous, quel que soit votre niveau de connaissances préalables en finance.

En investissant du temps dans votre éducation financière grâce à des cours en ligne, vous pouvez prendre des décisions financières plus éclairées, optimiser votre gestion financière personnelle, et travailler activement vers l'atteinte de la liberté financière.

Nous vivons dans une société axée sur la consommation et cela vous incite à dépenser plus que nécessaire. La publicité, les médias sociaux et les pressions sociales peuvent vous pousser à acheter des biens et services qui ne contribuent pas réellement à votre liberté financière. Si vos dépenses mensuelles sont élevées, il peut être difficile de trouver des marges de manœuvre pour économiser. Établir un budget réaliste et trouver des moyens de réduire les dépenses est souvent un défi. Une solution à envisager est la consolidation de dettes. Cela implique de regrouper toutes vos dettes, telles que les prêts personnels, ou d'autres formes d'endettement, en un seul prêt à taux d'intérêt plus bas. Cela peut vous permettre de réduire le montant total des paiements mensuels que vous devez effectuer, ce qui peut soulager votre charge financière mensuelle.

En regroupant vos dettes, vous pouvez également bénéficier d'une période de remboursement plus longue, ce qui peut réduire davantage vos paiements mensuels. Cependant, il est important de gérer cette option avec précaution et de vous assurer que vous ne contractez pas de nouvelles dettes pendant le processus.

Je vous conseille de consulter un spécialiste financier ou un expert en gestion de la dette pour explorer cette option et déterminer si elle est appropriée pour votre situation financière spécifique. La consolidation de dettes peut être un moyen efficace de réduire vos dépenses mensuelles et de mieux gérer votre budget.

Un autre obstacle que vous pouvez rencontrer est la peur de faire des erreurs financières. Cette peur peut vous empêcher de prendre des risques calculés, ce qui est parfois nécessaire pour atteindre des objectifs financiers ambitieux. Nous l'avons déjà évoqué dans un chapitre précédent, mais il est toujours bon de le rappeler : Une solution efficace pour combattre la peur de faire des erreurs financières est de créer un fonds d'urgence.

Un fonds d'urgence est un compte d'épargne spécialement dédié à couvrir les dépenses imprévues, telles que des réparations de voiture, des frais médicaux inattendus, ou la perte soudaine d'emploi. En ayant un fonds d'urgence en place, vous vous sentirez plus en sécurité financièrement, ce qui peut réduire votre anxiété quant à la possibilité de faire des erreurs financières.

Commencez petit, en visant à économiser l'équivalent de quelques mois de dépenses courantes, puis augmentez progressivement ce montant au fil du temps. Cela vous donnera une marge de manœuvre financière en cas de besoin et vous aidera à gérer les imprévus sans compromettre votre stabilité financière.

En ayant un fonds d'urgence, vous vous sentirez plus en contrôle de votre situation financière, ce qui peut réduire la peur de faire des erreurs. N'oubliez pas que tout le monde fait des erreurs financières à un moment donné, mais la préparation et la planification peuvent grandement atténuer les conséquences de ces erreurs.

Les attentes sociales et familiales peuvent exercer une pression sur vos choix financiers.

Il peut être difficile de résister à la pression de dépenser davantage pour correspondre à un certain style de vie ou pour satisfaire les attentes des autres. Lorsque vous avez des objectifs financiers spécifiques et motivants, comme épargner pour l'achat d'une maison, investir pour la retraite, ou rembourser des dettes, cela vous donne une raison concrète de gérer vos finances de manière responsable. Vous pouvez ainsi expliquer à votre entourage que vous travaillez activement à la réalisation de vos rêves financiers, ce qui peut atténuer la pression sociale pour dépenser de l'argent de manière inutile.

Commencez par établir des objectifs financiers clairs, en les détaillant autant que possible. Ensuite, communiquez-les à vos proches et expliquez-leur pourquoi ils sont importants pour vous. Lorsque les gens comprennent vos motivations financières, ils sont souvent plus enclins à respecter vos choix et à ne pas vous pousser à dépenser de manière excessive.

De plus, avoir des objectifs financiers peut vous aider à rester concentré sur ce qui est vraiment important pour vous sur le plan financier, et à éviter les dépenses impulsives qui ne servent pas vos aspirations à long terme.

Et enfin, les défis personnels tels que des problèmes de santé, des problèmes familiaux ou des circonstances imprévues peuvent compliquer la réalisation de vos objectifs financiers. Afin de surmonter ce défi, vous pouvez pratiquer la pensée positive.

Cela signifie cultiver une attitude mentale positive en vous concentrant sur vos forces, vos réussites passées, et vos aspirations futures. Vous pouvez utiliser des affirmations positives, des visualisations, ou simplement prendre l'habitude de remplacer les pensées négatives par des pensées positives.

La pensée positive peut vous aider à renforcer votre confiance en vous, à gérer le stress, et à maintenir une attitude constructive face aux défis. Elle peut également vous donner la motivation nécessaire pour continuer à travailler vers vos objectifs financiers malgré les obstacles personnels.

N'oubliez pas que la pensée positive ne consiste pas à ignorer les défis, mais plutôt à les aborder avec une attitude résolue et optimiste. Elle peut être une ressource précieuse pour renforcer votre résilience face aux défis personnels et vous aider à atteindre vos objectifs financiers.

En identifiant ces obstacles, vous pouvez

élaborer des stratégies spécifiques pour les surmonter. L'éducation financière, la planification budgétaire, la réduction des dettes et le développement d'une mentalité financière saine sont autant d'outils qui peuvent vous aider à faire face à ces défis. Rappelez-vous que chaque obstacle surmonté vous rapproche de votre objectif de liberté financière. Ne perdez pas de vue votre vision et soyez prêt à affronter ces défis avec détermination.

Stratégies pour persévérer dans les moments difficiles.

Dans votre quête pour atteindre la liberté financière, il est inévitable que vous rencontriez des moments difficiles. Cependant, avec les bonnes stratégies, vous pouvez persévérer et surmonter ces défis.

Restez concentré sur vos objectifs.
Afin de persévérer dans les moments difficiles de votre quête vers la liberté financière, il est essentiel de maintenir une concentration ferme sur vos objectifs financiers. Visualisez régulièrement le succès que vous souhaitez atteindre, en décrivant clairement les

avantages de la liberté financière dans votre vie. Cette vision devient votre boussole, vous guidant à travers les défis et les obstacles. Lorsque vous ressentez le découragement ou que les moments difficiles menacent de vous éloigner de votre chemin. Vos objectifs vous offrent la motivation nécessaire pour surmonter les difficultés et pour rester résolu à poursuivre votre quête.

Avoir un plan B.
Le fait d'élaborer un plan B solide est une stratégie efficace, surtout lorsque vous faites face à des moments difficiles. Un plan B consiste à anticiper les éventuels revers financiers en créant des filets de sécurité. Cela peut inclure la constitution d'un fonds d'urgence, comme vu précédemment, pour faire face aux imprévus, la diversification de vos investissements pour réduire les risques, ou le développement de compétences professionnelles transférables qui vous permettent de vous adapter à des circonstances changeantes. En ayant un plan B en place, vous êtes mieux préparé à faire face aux défis financiers tout en maintenant la confiance en votre capacité à atteindre vos objectifs à long terme. C'est une assurance mentale qui vous permet de continuer à

avancer, même lorsque les choses ne se déroulent pas comme prévu.

Apprenez de vos erreurs.
Apprendre de vos erreurs est une compétence cruciale. Au lieu de les voir comme des échecs, considérez-les comme des occasions d'apprentissage. Chaque erreur financière renferme des leçons précieuses. Prenez le temps d'analyser ce qui n'a pas fonctionné, identifiez les facteurs qui ont contribué à l'erreur et réfléchissez aux mesures que vous auriez pu prendre différemment. Cette réflexion constructive vous permettra d'éviter de répéter les mêmes erreurs à l'avenir, renforçant ainsi votre compétence financière et votre résilience. Les erreurs sont des jalons sur votre chemin vers le succès financier, et en en tirant des enseignements, vous vous rapprochez un peu plus de vos objectifs chaque jour.

Restez flexible.
La vie est imprévisible. Il est essentiel d'être ouvert au changement et prêt à ajuster vos plans en fonction des circonstances changeantes. Les objectifs financiers que vous avez aujourd'hui peuvent nécessiter des ajustements demain en réponse aux

opportunités ou aux défis qui se présentent. La flexibilité vous permet de vous adapter avec agilité, sans perdre de vue vos objectifs à long terme. Elle vous permet de voir les changements comme des occasions plutôt que des obstacles, et elle renforce votre résilience face à l'incertitude. Garder un état d'esprit ouvert et flexible vous aidera à rester sur la voie de la liberté financière, quelles que soient les surprises que la vie vous réserve.

Établissez un réseau de soutien.
Partager vos objectifs financiers avec des amis de confiance, des membres de votre famille ou des mentors peut vous apporter une précieuse source de conseils, de soutien émotionnel et de perspectives utiles. Ces personnes peuvent vous offrir des encouragements lorsque vous faites face à des moments difficiles, vous donner des conseils fondés sur leur propre expérience, et vous rappeler votre propre potentiel lorsque vous avez des doutes. Un réseau de soutien peut également vous connecter à des ressources et à des opportunités que vous n'auriez peut-être pas découvertes autrement. En partageant vos objectifs financiers avec d'autres, vous créez un système de responsabilité qui vous encourage à persévérer et à réaliser vos rêves

financiers.

Pratiquez la gestion du stress.
Les défis financiers peuvent engendrer du stress, mais des techniques de gestion du stress telles que la méditation, la respiration profonde, l'exercice régulier, ou simplement prendre du temps pour vous-même peuvent vous aider à maintenir un état d'esprit positif. La gestion du stress vous permet de rester concentré, de prendre des décisions judicieuses et d'adopter une attitude constructive face aux obstacles. En prenant soin de votre bien-être émotionnel et mental, vous renforcez votre résilience et votre capacité à faire face aux difficultés financières avec calme et détermination, vous rapprochant ainsi un peu plus de vos objectifs financiers.

Persévérez, même en cas de défis.
Lorsque vous êtes confronté à des défis financiers, la capacité de persévérer, de continuer à travailler vers vos objectifs, un pas à la fois, est essentielle. Les moments difficiles peuvent sembler décourageants, mais ils sont souvent des étapes incontournables sur la voie du succès financier. C'est dans ces moments que votre détermination est mise à l'épreuve.

En persévérant malgré les obstacles, vous renforcez votre résilience et votre confiance en vous. Rappelez-vous pourquoi vous avez entrepris ce voyage financier et visualisez régulièrement le succès que vous souhaitez atteindre. Chaque effort que vous investissez vous rapproche un peu plus de la réalisation de vos rêves financiers, et la persévérance est ce qui vous mènera à votre destination.

Célébrez les petites victoires.
Souvent, nous nous concentrons tellement sur nos objectifs à long terme que nous négligeons de reconnaître nos progrès actuels. Chaque étape accomplie, aussi modeste soit-elle, mérite d'être célébrée. Cela vous aide à rester motivé et à maintenir une attitude positive tout au long de votre parcours. Les petites victoires sont les jalons qui vous guident vers votre objectif final, et leur célébration renforce votre confiance en vous et votre engagement envers votre réussite financière. Que ce soit en récompensant vos efforts, en partageant vos succès avec votre réseau de soutien ou simplement en prenant un moment pour vous féliciter, la célébration des petites victoires est un moyen de maintenir votre motivation.

Rappelez-vous « votre pourquoi ».

Votre « pourquoi » est la force motrice derrière vos actions et vos efforts financiers. C'est la raison profonde qui vous pousse à travailler dur, à épargner, à investir et à surmonter les défis. Qu'il s'agisse de sécuriser l'avenir de votre famille, de réaliser vos rêves personnels ou de contribuer à une cause qui vous tient à cœur, votre « pourquoi » est l'essence de votre motivation. En le gardant au premier-plan de votre esprit, vous pouvez puiser dans cette source d'énergie chaque fois que vous faites face à des obstacles. Lorsque vous vous rappelez pourquoi vous avez commencé, vous renforcez votre détermination à poursuivre votre voyage vers la liberté financière, même lorsque le chemin est semé de défis.

Restez patient.
Atteindre des objectifs financiers significatifs peut prendre du temps, parfois plus longtemps que prévu. Il est important de comprendre que le chemin est parsemé d'efforts constants, de petits pas en avant et parfois de stagnation. La patience vous permet de rester calme et persévérant, même lorsque les résultats ne sont pas immédiats. Elle vous empêche de vous décourager face aux inévitables hauts et bas financiers. La patience vous permet de rester

concentré sur le long terme et d'apprécier le voyage, étape par étape.

Toutes ces stratégies, vous prépare à surmonter les moments difficiles et poursuivre votre chemin vers la liberté financière. N'oubliez pas que chaque défi que vous relevez vous rapproche un peu plus de votre objectif.

Chapitre 10

Vivre une vie de liberté financière.

Lorsque vous atteignez la liberté financière, ce n'est pas seulement votre compte en banque qui change, mais votre vie dans son ensemble. Ce chapitre explore les différentes dimensions de la liberté financière, allant au-delà des chiffres pour vous montrer comment elle peut transformer votre existence.

Trouver l'équilibre entre travail et vie personnelle.

Trouver l'équilibre entre travail et vie personnelle est l'un des plus grands avantages de la liberté financière. Lorsque vous avez atteint un certain niveau de sécurité financière, vous pouvez reprendre le contrôle de votre emploi du temps et décider comment vous souhaitez répartir votre journée.

Redéfinir votre emploi du temps signifie abandonner la contrainte d'un horaire de travail strict pour créer un programme qui correspond à vos préférences et à vos priorités. Avec la liberté financière, vous avez la flexibilité de décider quand, où et comment vous travaillez. Cela peut signifier des horaires de travail plus courts, des journées de travail fractionnées pour inclure des pauses personnelles ou même la possibilité de travailler depuis des endroits qui vous inspirent. L'objectif est de maximiser votre productivité tout en ayant suffisamment de temps pour vos activités personnelles, ce qui vous permet de mener une vie plus équilibrée et épanouissante. Cette redéfinition de votre emploi du temps vous donne le contrôle sur votre vie professionnelle et personnelle.

Prioriser ce qui compte vraiment.
Prioriser ce qui compte vraiment signifie accorder une attention particulière aux aspects de votre vie qui ont une réelle importance pour vous. Lorsque vous atteignez la liberté financière, vous pouvez mettre l'accent sur les domaines de votre vie qui vous tiennent à cœur, que ce soit le temps passé avec votre famille, la poursuite de vos passions, la recherche de votre bien-être ou la réalisation de vos rêves personnels. Vous avez la liberté de consacrer plus de temps et d'énergie à ces priorités, sans les compromettre pour des obligations financières. Cela vous permet de vivre une vie

plus équilibrée, satisfaisante et significative, en alignant vos actions sur vos valeurs et vos objectifs personnels.

Éviter le surmenage.
Éviter le surmenage implique de maintenir un équilibre sain entre travail et vie personnelle tout en évitant une charge de travail excessive qui peut entraîner une fatigue physique et mentale. Il est important de reconnaître que la poursuite du succès ne doit pas se faire au détriment de votre bien-être. Cela signifie prendre régulièrement du temps pour vous reposer, vous ressourcer et prendre soin de votre santé physique et mentale. En évitant le surmenage, vous maintenez votre niveau d'énergie, améliorez votre créativité, prenez de meilleures décisions et favorisez une qualité de vie globale plus élevée. Il est essentiel de prendre conscience de l'importance de l'équilibre entre travail et vie personnelle pour maintenir une productivité et une satisfaction durables.

Établir des limites claires.
Établir des limites claires consiste à définir des règles et des horaires précis pour votre travail et vos engagements professionnels, tout en veillant à ne pas empiéter sur votre temps

personnel et vos activités hors travail. Lorsque vous avez atteint la liberté financière, il est crucial de maintenir des frontières entre votre vie professionnelle et votre vie personnelle pour éviter l'épuisement et le déséquilibre. Cela signifie déterminer des heures de travail spécifiques, des périodes de repos et de loisirs, et respecter ces limites. En ayant des limites claires, vous préservez votre bien-être, améliorez votre productivité pendant les heures de travail définies, et maintenez une qualité de vie épanouissante. Cela permet également de renforcer vos relations personnelles en consacrant du temps de qualité à votre famille et à vos proches.

S'adapter au changement.
Vous pouvez anticiper et embrasser le changement, en ajustant votre emploi du temps, vos objectifs et vos priorités en conséquence. Cela peut impliquer de saisir de nouvelles opportunités, de relever de nouveaux défis, ou même de redéfinir ce que signifie la réussite pour vous. En étant adaptable, vous pouvez naviguer avec succès dans les différentes phases de votre vie financière et personnelle, tout en maintenant votre équilibre et votre bien-être. La flexibilité est un atout précieux pour rester en harmonie

avec le monde en constante évolution qui nous entoure.

Communiquer avec votre entourage.
Cela implique d'expliquer vos objectifs, vos priorités et vos limites à votre famille, vos amis et vos proches. En partageant ouvertement vos aspirations et vos besoins, vous favorisez une compréhension mutuelle et minimisez les conflits potentiels liés à votre quête de liberté financière. De plus, vous pouvez bénéficier du soutien émotionnel et parfois même de conseils précieux de ceux qui vous entourent. La communication honnête et ouverte renforce les liens affectifs et contribue à maintenir un réseau de soutien solide, ce qui est essentiel pour persévérer dans votre parcours vers la liberté financière.

Lorsque j'ai commencé mon propre voyage vers la liberté financière, l'une des leçons les plus importantes que j'ai apprises était l'importance de la communication avec mon entourage. Au début, j'étais préoccupé par la façon dont ma recherche d'indépendance financière pourrait être mal comprise par ma famille et mes amis. Cependant, j'ai pris le temps d'expliquer mes motivations, mes objectifs et mes limites à ceux qui comptent le plus pour moi. En partageant mes aspirations, j'ai constaté que la plupart de mes proches étaient curieux et intéressés à en savoir plus. Cette ouverture m'a permis de recevoir un soutien précieux et même d'inspirer certains d'entre eux à poursuivre leurs propres objectifs financiers. La communication a renforcé nos liens, et ensemble, nous avons traversé des hauts et des bas avec compréhension et soutien mutuel. Cela m'a rappelé à quel point la communication peut être puissante pour maintenir des relations positives tout en poursuivant ses rêves financiers.

Explorer de nouvelles opportunités.
Une fois que vous avez atteint un certain niveau de stabilité financière, il est tentant de se complaire dans le confort, mais l'exploration continue est la clé de la croissance continue. Cela peut signifier l'exploration de nouveaux investissements, l'acquisition de compétences supplémentaires pour diversifier vos revenus, ou même la recherche de moyens de contribuer à la société en utilisant votre expertise financière. Garder un esprit ouvert et une attitude proactive vous permet de saisir des opportunités qui peuvent améliorer encore davantage votre situation financière et vous permettre d'atteindre de

nouveaux sommets. L'exploration continue vous aide à rester passionné et motivé dans votre voyage vers la liberté financière, tout en vous permettant de contribuer positivement à votre propre vie et à celle des autres.

En trouvant l'équilibre entre travail et vie personnelle, vous pouvez profiter pleinement des avantages de la liberté financière tout en menant une vie épanouissante et équilibrée. Cela vous permet de cultiver vos passions, de renforcer vos relations et de vivre une vie plus satisfaisante dans son ensemble.

Les avantages de la liberté financière au-delà de l'argent.

Lorsque vous avez atteint un certain niveau d'indépendance financière, vous découvrez que la qualité de votre vie s'améliore de nombreuses manières. Tout d'abord, vous bénéficiez d'une plus grande tranquillité d'esprit, car vous avez moins de soucis financiers et de stress liés à l'argent. Vous avez également la liberté de choisir comment vous souhaitez dépenser votre temps. Cela signifie que vous pouvez consacrer plus de temps à vos passions, à votre famille et à vos amis, à la poursuite de vos rêves personnels, ou même à des causes qui vous tiennent à cœur.

En outre, la liberté financière vous donne la possibilité de vivre une vie plus épanouissante et significative. Vous pouvez vous consacrer à des projets qui vous passionnent, à des activités caritatives ou à des entreprises qui ont un impact positif sur la société. Cela peut apporter une grande satisfaction personnelle.

De plus, la liberté financière vous offre une flexibilité géographique. Vous avez la possibilité de vivre où vous le souhaitez, de voyager et d'explorer le monde à votre rythme. Vous n'êtes plus lié à un lieu de travail spécifique.

L'un des moments les plus gratifiants de ma quête vers la liberté financière a été la réalisation de la liberté géographique. Après des années à travailler dur pour atteindre mes objectifs financiers, j'ai réalisé que je pouvais travailler de n'importe où dans le monde tant que j'avais une connexion Internet. C'était une révélation. J'ai commencé à planifier des voyages prolongés, à explorer de nouveaux pays et à vivre dans des endroits que je n'aurais jamais imaginés auparavant. Cette liberté m'a permis de découvrir de nouvelles cultures, d'apprendre de nouvelles langues et de rencontrer des gens extraordinaires. Elle a également renforcé mon sentiment de liberté et de contrôle sur ma propre vie. Je suis devenu un véritable citoyen du monde, et cela a considérablement enrichi mon existence au-delà de tout ce que j'aurais pu imaginer. La liberté géographique est l'un des trésors les plus précieux que la liberté financière peut offrir, et elle continue de me rappeler que les rêves les plus fous deviennent parfois une réalité lorsque l'on poursuit avec détermination ses objectifs financiers.

En fin de compte, la liberté financière transcende l'argent pour englober une qualité de vie améliorée, la poursuite de passions personnelles, une contribution positive à la société et une flexibilité dans tous les aspects de votre vie. C'est un état d'esprit et un mode de vie qui offre des avantages bien au-delà de la simple richesse matérielle.

Possibilités d'apporter une contribution positive à la société.

Une fois que vous avez atteint un certain niveau de stabilité financière, vous avez la possibilité d'utiliser votre succès pour faire une différence positive dans le monde à votre niveau.

Vous pouvez choisir de soutenir

financièrement des organisations caritatives qui travaillent sur des problèmes qui vous touchent personnellement, tels que la lutte contre la pauvreté, l'éducation, la santé ou l'environnement.

Votre contribution financière peut aider ces organisations à avoir un impact plus important.

En utilisant vos ressources financières, vos compétences et votre influence, vous avez le pouvoir d'apporter un changement significatif à des problèmes qui vous tiennent à cœur.

Vous pouvez diriger vos investissements vers des entreprises qui adoptent des pratiques durables et responsables sur le plan social et environnemental. En investissant dans ces entreprises, vous contribuez à promouvoir des valeurs positives et à encourager d'autres entreprises à suivre cet exemple.

Vous pouvez contribuer à des initiatives sociales, environnementales ou éducatives, et cela peut être extrêmement gratifiant sur le plan personnel.

Si vous avez un intérêt pour l'entrepreneuriat, vous pouvez encourager et financer des startups à vocation sociale qui visent à résoudre des problèmes sociaux tout en étant rentables. Cela peut favoriser l'innovation et le changement positif.

La possibilité de laisser un héritage positif et de contribuer au bien-être de la société est l'un des avantages les plus nobles de la liberté financière.

Vous pouvez investir du temps et de l'énergie pour aider les jeunes à comprendre les principes de la gestion financière et de l'entrepreneuriat. Votre expérience peut être inestimable pour les guider vers un avenir financier stable.

La motivation personnelle qui m'a poussé à écrire ce livre « De zéro à nouveau riche » découle d'une profonde conviction en la capacité humaine de se transformer et de réaliser ses rêves financiers. J'ai moi-même connu des défis financiers et j'ai vécu des moments où l'avenir semblait incertain. Cependant, grâce à la persévérance, à l'apprentissage continu et à l'application de principes financiers solides, j'ai réussi à surmonter ces défis et à bâtir une vie financièrement libre.

En partageant mon propre parcours, mes erreurs et mes succès, je souhaite inspirer les autres à entreprendre leur propre voyage vers la liberté financière. Je crois fermement que chacun a le potentiel de transformer sa vie financière, quel que soit son point de départ. C'est cette croyance profonde qui m'a motivé à écrire ce livre.

De plus, je suis convaincu que la liberté financière n'est pas seulement une question d'argent, mais aussi de liberté personnelle, de choix et d'accomplissement. Je veux aider les lecteurs à comprendre que la liberté financière va au-delà de l'accumulation de richesses, qu'elle peut apporter une plus grande qualité de vie, une plus grande satisfaction personnelle et la possibilité de contribuer positivement à la société.

En écrivant ce livre, j'espère transmettre non seulement des connaissances pratiques sur la gestion financière, mais aussi une source d'inspiration et de motivation. Mon objectif est d'encourager les lecteurs à prendre le contrôle de leur destin financier, à établir des objectifs ambitieux et à travailler avec détermination pour les atteindre. C'est ma façon de redonner à ceux qui cherchent à améliorer leur situation financière et à créer une vie de liberté et d'abondance.

Je vous invite à réfléchir à la manière dont vous souhaitez apporter une contribution significative à la société en fonction de vos valeurs et de vos passions. Il est, à mon avis important, de mettre en lumière le potentiel transformateur de la liberté financière, non seulement pour votre propre vie, mais aussi pour le monde qui vous entoure. Cela incite à une réflexion sur la manière dont vous pouvez utiliser vos ressources pour laisser une empreinte positive et inspirer d'autres personnes à suivre votre exemple.

Conclusion

En parcourant les pages de ce livre, vous avez fait le premier pas vers une transformation financière significative. Nous avons exploré ensemble des concepts, des stratégies et des histoires inspirantes qui vous ont fourni les outils nécessaires pour prendre en main votre avenir financier.

Nous avons commencé par identifier les croyances limitantes qui peuvent vous retenir et vous avons montré comment cultiver une mentalité de richesse et d'abondance. Vous avez appris des pratiques quotidiennes pour attirer l'argent dans votre vie, ainsi que l'importance de fixer des objectifs S.M.A.R.T. Nous avons exploré différentes sources de revenus, de l'investissement à la création de contenu en ligne, en passant par l'entrepreneuriat.

Rappelez-vous que le chemin vers la liberté financière peut être parsemé de défis, mais chaque défi est une opportunité déguisée. Vous avez la capacité de surmonter ces obstacles. La clé réside dans l'action continue, la persévérance et l'apprentissage constant. Ne laissez pas la peur de l'échec vous arrêter. Au contraire, considérez chaque échec comme une étape vers le succès.

Je vous encourage à prendre tout ce que vous avez appris dans ce livre et à le mettre en pratique dans votre vie. Fixez des objectifs financiers audacieux, diversifiez vos sources de revenus, investissez dans votre éducation financière et continuez à évoluer. Votre voyage vers la liberté financière est unique, mais il est aussi excitant et gratifiant.

N'oubliez pas que la liberté financière ne se résume pas à des chiffres sur un compte en banque, c'est la possibilité de vivre la vie que vous souhaitez, de faire une différence dans le monde et d'atteindre vos rêves les plus profonds.

Merci de m'avoir accompagné dans cette aventure. Votre succès financier est à portée de main. Allez de l'avant, prenez des décisions audacieuses et continuez à progresser vers une vie de liberté financière. Le meilleur reste à venir. Bon voyage !

A propos de l'auteur.

Jonathan Martin incarne la quintessence de la réussite financière et de la liberté totale. De modeste origine, il est parvenu à accomplir un périple extraordinaire, façonnant une réalité où il a le pouvoir de vivre et de créer comme il le souhaite.

Jonathan sait ce que signifie commencer de zéro. Il a connu des périodes de difficultés financières, des revers professionnels et des moments de doute profond. Cependant, il n'a jamais abandonné son rêve de créer une vie de liberté financière.

Sa détermination inébranlable l'a poussé à surmonter chaque obstacle sur son chemin. Il a appris de ses erreurs, s'est relevé après chaque échec et a persévéré malgré les défis. Jonathan a compris que la clé de la réussite réside dans la résilience, la persistance et l'apprentissage constant.

Aujourd'hui, grâce à sa ténacité et à son engagement, Jonathan jouit de ressources financières abondantes qui lui offrent une liberté sans limites. Il peut vivre où il le souhaite, explorer le monde, investir dans ses passions et aider les autres à atteindre leurs objectifs financiers.

Jonathan Martin est bien plus qu'un businessman à succès. Il est un exemple vivant de la manière dont la persévérance et la détermination peuvent transformer une vie. Son histoire inspire et rappelle à chacun que peu importe d'où l'on vient, il est possible de créer une réalité financière épanouissante.

À travers son livre, "De Zéro à Nouveau Riche : Le Guide pour Créer une Vie de Liberté Financière", Jonathan partage non seulement son expérience, mais aussi les stratégies et les connaissances qui ont changé sa vie. Il guide les lecteurs vers la maîtrise de leur destin financier et les encourage à ne jamais abandonner leurs rêves.

Remerciements

Je tiens à exprimer ma profonde gratitude envers toutes les personnes qui ont été un pilier essentiel dans la création de ce livre. À ma famille, merci pour votre soutien indéfectible et votre compréhension pendant les longues heures passées à écrire. Votre amour et votre encouragement ont été ma source d'inspiration.

À mes amis, collègues et mentors, vous m'avez apporté des idées précieuses, des conseils avisés et une motivation sans faille. Votre contribution a enrichi ce livre et a renforcé son impact.

À toutes les personnes qui ont pris le temps de relire et de commenter chaque chapitre, vos retours ont été inestimables. Vos observations et suggestions ont permis d'améliorer la qualité de ce guide.

Enfin, un immense merci à vous, chers lecteurs. C'est pour vous que ce livre a été écrit, dans l'espoir qu'il puisse vous guider sur la voie de la liberté financière. Votre engagement à poursuivre vos rêves et à transformer votre vie financière est la plus grande récompense pour tout l'effort investi.

Que chacun de vous trouve l'inspiration et la

détermination pour atteindre les sommets financiers et vivre une vie de liberté et d'abondance.

Votre avis compte !

Vous venez de franchir une étape importante. Et si vous aidiez d'autres lecteurs à faire le même pas en avant ?

Laissez votre avis sur Amazon - cela donne de la visibilité à ce livre et permet à d'autres de découvrir les outils qui vous ont inspiré.

Quelques mots suffisent pour faire une vraie différence.

Scannez le QR code et partagez votre expérience !

Merci infiniment !